"Como alguie
años de su vi__
generosidad, siempre estoy encantado cuando veo un buen libro sobre el tema. ¡Especialmente cuando se trata de un pastor principal hablando de las ofrendas de su familia! Bruce ha escrito de manera transparente y auténtica sobre el viaje de donaciones en el que han estado él y su esposa. No solo ilumina las referencias bíblicas a dar, sino que también proporciona inspiración de sus propios ejemplos de la vida real. ¡Un recurso realmente excelente para pastores, líderes de iglesias y laicos! "

Jim Sheppard
CEO & Principal, Generis

"Para muchos de nosotros, la generosidad es más una respuesta de mala gana a la recaudación de fondos que una respuesta gozosa a Dios. Bruce Miller ha escrito una guía útil que ayuda a corregir eso, revelando el amplio abismo entre el concepto bíblico de generosidad gozosa y nuestro patrón moderno de recaudación de fondos impulsado por la culpa. Junto con sus guías de estudio, este libro te permitirá pensar y responder más bíblicamente al importante papel que juega la generosidad en nuestro caminar con Jesús".

Larry Osborne
Pastor & Autor, North Coast Church, Vista, California

"Este libro me hizo sonreír. Desvela el secreto de una vida feliz a través de la generosidad. Las lecciones aquí, si se aplican a tu vida, te harán sonreír. Y, como dice Bruce, creo que harán sonreír a Dios también".

Dave Travis
Asesoramiento Estratégico para Pastores & Juntas Directivas de Iglesias, Generis

"En el nuevo libro de Bruce Miller, *La Bendición de Dar: Las Tres Preguntas,* encontré cada pregunta, el apoyo bíblico para las respuestas a las preguntas y los pasos de acción recomendados para ser excelentes en su simplicidad, potentes en su contenido y transformadores de vida, a la vez que los Cristianos optan por vivirlos y aplicarlos prácticamente en su vida diaria. Este libro definitivamente será un recurso para mí y como referencia sobre este tema bíblico crítico. **¡Recomiendo este libro** a todo creyente en Jesucristo que desee crecer en madurez espiritual y el gozo que trae el dar! "

Bart Salmon, Vice Presidente Adjunto de Instalaciones
Universidad de Rice
Consejero (Anciano), Copperfield Church, Houston, Texas

"Si te sientes confundido acerca de cómo Dios quiere que uses las bendiciones financieras que te ha dado, el último libro de Bruce Miller, *La Bendición de Dar: Las Tres Preguntas*, ofrece un proceso bíblico práctico para encontrar el mayor impacto para el reino y recibir el gozo en dar lo que Dios quiere para ti ".

Nick Ganter
Anciano, Christ Fellowship, McKinney, Texas
Ejecutivo Principal de Sistemas de Salud para AbbVie

"La generosidad impulsa el crecimiento espiritual y nos despierta a aprender de dónde provienen realmente nuestros recursos, qué se supone que debemos hacer con lo que Dios nos da y cómo podemos amar y bendecir a las personas que él pone en nuestras vidas. Siempre puedes reconocer a un cristiano por sus frutos. Deja que este libro sea tu lanzamiento hacia una generosidad significativa ".

Dr. Jennie Tissing, Ph.D.
Jubilada, Administradora de Becas
Methodist Health System

"En mis años consultando y asesorando a directores ejecutivos en todos los Estados Unidos e internacionalmente, he llegado a la conclusión más simple: existe una diferencia clave entre tener riqueza y ser rico. El dar bíblico es esencial para tener una vida rica y plena, pero comprender lo que eso significa también es esencial. Bruce hace un trabajo fantástico al describir las razones por qué, cómo y a quién deben dar todos los creyentes. Las lecciones bíblicas que se encuentran en *La Bendición de Dar: Las Tres Preguntas* brindan a los creyentes las herramientas y el conocimiento para vivir una vida rica y plena ".

Seth Denson
Analista de Mercado y Negocios
Colaborador de Medios Nacionales
Cofundador de GDP Advisors

La Bendición de Dar

Las Tres Preguntas

¿Por qué dar?

¿A quién dar?

¿Cuánto dar?

Otros libros y estudios de Bruce B. Miller

Sacudido: Cuando Dios no tiene sentido
Un Estudio de Habacuc

Big God in a Chaotic World
A Fresh Look at Daniel

Never the Same
A Fresh Look at the Sermon on the Mount

✥

Tu Vida en Ritmo
Guía de estudio de tu vida en ritmo

Your Church in Rhythm

El Bastón de Mando del Liderazgo
El Bastón de mando del Liderazgo guía de estudio
(escrito con Rowland Forman
y Jeff Jones)

***Leading a Church in a
Time of Sexual Questioning***
Grace-Filled Wisdom for Day-to-Day Ministry

La Bendición de Dar
Las Tres Preguntas

¿Por qué dar?
¿A quién dar?
¿Cuánto dar?

Bruce B. Miller

McKinney, Texas

Dadlin Media es el sello editorial de los ministerios de Dadlin, comprometidos con mostrar la sabiduría para encender el fuego de la pasión por Jesús. Consulta BruceBMiller.com para obtener más recursos.

La Bendición de Dar— Las Tres Preguntas ¿Por qué dar? ¿A quién dar? ¿Cuánto dar? Derechos reservados. Ninguna parte de esta publicación puede ser reproducida, almacenada en un sistema de recuperación o transmitida de ninguna forma por ningún medio—electrónico, mecánico, fotocopias, grabaciones o cualquier otro— excepto por breves citas en reseñas de impresores, sin el permiso previo del editor, excepto lo siguiente: Las personas pueden hacer copias de los apéndices para uso personal o para uso en el salón de clases o seminarios, sin exceder una copia por asistente.

ISBN: 978-1-68316-018-2

© Copyright 2021 Dadlin Media

La imagen de la Lámpara de Aceite y el Proceso SABIOS de seis pasos son derechos de autor registrados 2014 Bruce B. Miller. Derechos reservados.

Impreso en los Estados Unidos de América.
A menos que se indique lo contrario, Escritura tomada de la SANTA BIBLIA, NUEVA VERSIÓN INTERNACIONAL. Copyright © 1973, 1978, 1984, 2010.
Sociedad Bíblica Internacional.
Usado con permiso de Zondervan Publishing House.

2409 Rockhill, Rd.   McKinney, TX 75070

Dedicatoria

Dedico *La Bendición de Dar* al dador más grande, Dios Padre, quien dio el mayor regalo, su único Hijo Jesucristo, quien dio su vida por nosotros.

Contenido

Dedicatoria	i
Contenido	iii
Introducción	v
Capítulo 1 ¿Por qué Dar?	1
Capítulo 2 ¿A quién Dar?	23
Capítulo 3 ¿Cuánto Dar?	47
Introducción de Guía de Estudio	75
Capítulo 1 Guía de Estudio - ¿Por qué Dar?	83
Capítulo 2 Guía de Estudio – ¿A Quíen Dar?	99
Capítulo 3 Guía de Estudio – ¿Cuánto Dar?	111
Pensamientos Finales	127
Agradecimientos	129
Recursos Recomendados	131
Acerca del Autor	133
Otros Recursos	137
Notes	143

Introducción

Después de criar a cinco hijos, estoy orgulloso de que mi esposa regresara a la universidad para obtener una maestría en patología del habla y el lenguaje en Texas Women's University (TWU). En la gracia de Dios, Tamara consiguió un trabajo incluso antes de graduarse. Lo que esto significaba, financieramente, era que ya no estábamos pagando la escuela y teníamos un nuevo flujo de ingresos.

Después de escuchar un mensaje inspirador sobre la generosidad de Dios para con nosotros, Tamara y yo estábamos motivados a reconsiderar nuestra ofrenda en oración. Fue una maravilla ver cuánto dinero más podíamos dar. Tomamos el dinero que estábamos pagando por su matrícula y lo redirigimos a la campaña de capital de nuestra iglesia. Luego, de sus nuevos ingresos, aumentamos nuestras donaciones regulares a los ministerios generales de nuestra iglesia. Y apartamos más dinero para cubrir las necesidades de otros que podrían surgir el siguiente año.

Al final de ese año, nos tomamos un tiempo para escapar, solo nosotros dos. Reservamos una cabaña en un parque estatal de Oklahoma con chimenea y sin WiFi, era un gran lugar para desconectarnos y reconectarnos con Dios y con los demás. Durante ese tiempo, revisamos nuestras donaciones para el año y decidimos, en oración, dar donaciones adicionales a la iglesia, pero era 30 de diciembre, ¿cómo lo haríamos?

Salimos de la cabaña y buscamos un McDonald's para acceder a WiFi de modo que pudiéramos iniciar sesión en el sitio web de la iglesia y en nuestro banco, para efectuar las donaciones adicionales a la iglesia. Fue muy divertido para nosotros, nos hizo sonreír mucho. Terminamos ese año llenos de alegría.

Puedes pensar que estamos locos. Para mucha gente, dar es contradictorio. Humanamente razonamos de esta forma, si doy $1,000 a la iglesia, tendré $1,000 menos. Eso tiene un sentido lógico. Pero no es la forma en que Dios hace las matemáticas. De hecho, tenemos más dinero cuando damos más. Las enseñanzas de Jesús invierten gran parte del "sentido común" del mundo.

El Último es primero
   (Mateo 19:30; Marcos 10:31).

El más importante será el siervo
   (Mateo 23:11).

Cuando pierdes tu vida, la salvas
   (Mateo 16:25; Marcos 8:35; Lucas 9:24; 17:33).

Dar dinero te hace más rico
   (2 Corintios 8:1-3).

Lo que significa ser más rico termina siendo mucho más que meramente financiero y las bendiciones completas solo se realizan en una línea de tiempo mucho más larga.

Muchos pastores evitan el tema del dinero porque tienen miedo de la reacción de la iglesia. Entre mis amigos pastores, todos sabemos que en el momento en que abordemos el dinero, escucharemos la queja: "Todo lo que a esta iglesia le importa es el dinero", "De lo único que habla esta iglesia es de dinero". A menudo, estas quejas provienen de personas que no dan fielmente a la iglesia. Rara vez una iglesia solo se preocupa por el dinero o habla de él más que de la Biblia. Y si eso está sucediendo, no es saludable.

La otra razón por la que los pastores evitan este tema es porque no queremos que se nos asocie con los abusos graves que existen. Has visto las historias sobre algunos pastores que abusan de sus influencias para comprar un avión o construir una mansión. Ese tipo de comportamiento codicioso y manipulador me vuelve loco y enoja a Dios. Ningún pastor piadoso quiere tener nada que ver con eso. No entramos en el ministerio para hacernos ricos.

Mi corazón está en mostrarte la sabiduría bíblica sobre las ofrendas generosas para que puedas ver lo que Dios quiere que hagas en este importante ámbito de tu vida. Oro para que tengas encendida la pasión del fuego por Jesús y que este fuego se exprese en tu ofrenda.

Por supuesto, la generosidad va más allá del dinero, pero la mayoría de las preguntas honestas de la gente se relacionan con el mismo. Si ya te sientes tenso, pregúntate el por qué, seriamente. Dar es un asunto espiritual que se relaciona directamente con seguir a Cristo y crecer en madurez. Jesús tiene mucho que decir sobre el dinero y las posesiones materiales. Mira los cuatro evangelios.

Eliminemos algunas objeciones que podrían impedirte escuchar lo que Dios tiene para ti.

¿Bruce está escribiendo este libro para conseguir más dinero para las iglesias? Mi corazón no es obtener algo de ti, sino más bien proporcionarte algo. Mi deseo es principalmente para tu crecimiento espiritual y para la misión de Cristo, no para obtener más dinero para un proyecto o presupuesto de la iglesia.

En segundo lugar, ¿Bruce se beneficia económicamente de este libro? Claro que podría. Y me he comprometido a donar al menos el 60 por ciento de las ganancias netas.

En tercer lugar, ¿no podría simplemente donar su tiempo en lugar de su dinero? Es bueno ser voluntario y Dios quiere que lo hagas, pero dar tu tiempo no cuenta como dar tu dinero. Nuestro dinero representa nuestra propia vida. Es una forma en que Dios nos pide que lo adoremos.

En este ámbito de dar, la gente hace tres preguntas comunes que espero poder responder.

En lugar de tratar de ser linda persona, simplemente las estoy expresando directamente:

1. ¿Por qué debemos dar dinero?

2. ¿A quién lo debemos dar?

3. Y ¿Cuánto debemos dar?

Estas son preguntas honestas, prácticas e importantes para ti y para Dios.

Capítulo 1
¿Por qué dar?

Es una pregunta justa y obvia. ¿Por qué deberías regalar tu dinero?

- Es un recurso limitado.

- Si lo das, tendrás menos.

- Nunca se sabe lo que depara el mañana. ¿Quién sabe si podrías perder tu trabajo o tener un problema médico costoso o alguna otra catástrofe?

- A largo plazo, debes preocuparte por la jubilación.

- Cualquier dinero que no estés usando hoy, debes guardarlo para tus años posteriores.

Por lo tanto, sería mejor quedarte con todo el dinero que puedas.

Francamente, necesitas tu dinero. ¿Y la iglesia realmente lo necesita más que tú? Quizás te preguntes si tu iglesia está usando el dinero de manera responsable. Y si somos un poco más honestos con nosotros mismos, hay cosas que queremos comprar: una casa, un automóvil, un bote, una motocicleta, un teléfono, un televisor, un vestido o cualquier otra cosa.

Obviamente, puedes anticipar que voy a decir que debemos dar generosamente, pero ¿por qué? Hay razones equivocadas para dar.

- No debemos ceder por temor a que Dios nos castigue.

- No debemos dar para impresionar a otras personas.

- No debemos dar para recibir.

Entre todas las personas que leen este libro, imagina la amplia difusión de la opinión de la gente, relacionada con este tema. Puede que nunca hayas donado a una iglesia. Es posible que hayas dado no más de unos pocos dólares o solo esporádicamente. Puedes dar con una generosidad increíble, ampliemos el alcance en la vida cotidiana. Piensa en tus donaciones a tu familia, a las personas necesitadas, a las misiones globales, a las personas en crisis, hasta la cantidad de propina que das a las personas que te sirven.

Nuestros hijos son todos generosos. Uno de mis hijos se encuentra entre las personas más generosas que conozco. Le encanta dar una propina tan grande que sorprende al mesero. Cuando llevamos a Tamara a cenar, después de su graduación de la Universidad de Mujeres de Texas, él compró aperitivos para toda la mesa, cuatro en total. Después del plato principal, compró cuatro órdenes de sopaipillas. Luego insistió en pagar la comida completa para todos y agregó una gran propina. Eso es generosidad espléndida, le encanta dar, le produce alegría. Su mayor satisfacción en Navidad proviene de ver a los miembros de la familia abrir los regalos que les compró.

Imagínate si estuvieras encantado de dar. Imagínate si estuvieras tratando de averiguar cómo dar tanto como pudieras. E imagina cómo te sentirías si dieras así. ¿Qué podría impulsarte a vivir de esa manera?

Durante nuestro café matutino un lunes, le pregunté a Tamara: "¿Por qué das?" Por cierto, Tamara es muy buena dando y respondió: "Es simplemente divertido. Me produce mucha alegría". Se contuvo y dijo: "Ojalá mi respuesta fuera más profunda que eso. Sonaría más espiritual decir agradar a Dios o recibir recompensas eternas o algo así", pero dijo: "Honestamente, me encanta dar". Le produce alegría.

Y me di cuenta, eso es todo. Dar produce alegría. Debemos dar porque la generosidad produce alegría. Después de hablar con Tamara, me sumergí en la Biblia para estudiar cómo la Palabra de Dios responde a nuestra pregunta: ¿Por qué dar? Mi estudio verificó la sencilla respuesta de Tamara. Damos porque produce alegría.

Piensa en tus últimos regalos de Navidad. ¿Recuerdas los regalos que recibiste? Ahora pregúntate si puedes recordar los regalos que diste. Para muchas personas es mucho más fácil recordar los obsequios que diste porque pasaste tiempo decidiendo qué comprar, luego fuiste de tiendas, hiciste la compra, envolviste el obsequio y miraste la alegría en el rostro de la persona que amas al desenvolverlo. Compara tus sentimientos al abrir tus propios regalos con tus sentimientos mientras observabas a los que amabas abrir los regalos que les diste.

Mientras me divertía abriendo mis regalos en Navidad, mi mayor alegría fue ver a Tamara, mis hijos y nietos, abrir sus regalos. Qué maravilla ver a la pequeña Amelia de 10 meses abrir su "Daniel Tiger". Y ver a Arabella de dos años emocionada con sus marcadores multicolores. Fue un placer darle a Tamara la bolsa que quería.

Dar nos hace sonreír. Andrew Carnegie, famoso empresario adinerado, dijo: "Los millonarios rara vez sonríen".[1] Acumular montones de dinero trae más problemas que alegría. Crea más ceños fruncidos que sonrisas. Las películas navideñas clásicas resaltan este punto— piensa en *Scrooge* o *El Grinch*.

Dar es contagioso. Crea reacciones de alegría en cadena. ¿Alguna vez has estado con amigos y has visto lo que sucede cuando una persona comienza a reír mucho, y luego otra persona comienza a reír y, antes de que te des cuenta, todos se ríen? También ocurre con los bostezos. Más divertido es cómo las sonrisas son contagiosas. Sonríes mucho y la persona que tienes enfrente apenas puede dejar de sonreír. Dar crea sonrisas. Mi esperanza es que tu generosidad inspirada por Dios cree una ola de sonrisas, una reacción de alegría en cadena. Las donaciones generosas ponen una sonrisa en tres caras. La primera es la más importante. La generosidad pone una sonrisa en el rostro de Dios.

- **Pone una sonrisa en el rostro de Dios**

Dar hace feliz a Dios. El apóstol Pablo dice en 2 Corintios 9:7:

> *Cada uno debe dar según lo que haya decidido en su corazón, no de mala gana ni por obligación, **porque Dios ama al que da con alegría**.* (2 Corintios 9:7).

Cuando das, pones una sonrisa en el rostro de Dios. Esto puede deberse a que Dios mismo es un dador alegre, por lo que nuestra generosidad imita a Dios y le da alegría cuando seguimos su modelo.

Cuando piensas en Dios y quién es realmente, quieres complacerlo. Dios es tu creador. El Dios trino, Padre, Hijo y Espíritu Santo está en una categoría de uno. No hay nadie como él. Dios es incomparable. Y el único Dios nos dice que demos, que vivamos vidas generosas. Él nos dice que *sobresalgamos en esta gracia de dar* (2 Corintios 8:7). Quiero obedecer a Dios simplemente porque él es Dios. Dios nos manda *a ser ricos en buenas obras, generosos y dispuestos a compartir* (1 Timoteo 6:18). Dar pone una sonrisa en el rostro de Dios porque dar obedece a Dios, el creador de todo.

Mi motivación para dar no solo proviene de quién es Dios, sino también de lo que ha hecho por nosotros. Das por gratitud a Dios. Dios nuestro Padre es el dador más grande que dio el regalo más grande. La Biblia dice:

> *El que no escatimó ni a su propio Hijo, sino que lo entregó por todos nosotros, ¿cómo no habrá de darnos generosamente, junto con él, todas las cosas?* (Romanos 8:32).

Si nunca has confiado en Jesucristo, ese es el paso más importante que puedes dar. Dios quiere darte vida eterna, perdón por todos tus pecados. Nos los ofrece en Jesucristo. Recibes su regalo de salvación al poner fe en Jesús.

En el Hijo de Dios, Jesucristo, tenemos todas las bendiciones espirituales. Pablo dice:

Alabado sea Dios, Padre de nuestro Señor Jesucristo, que nos ha bendecido en las regiones celestiales con toda bendición espiritual en Cristo. (Efesios 1:3).

El dar generosamente responde a sus asombrosas y generosas bendiciones anteriores. Dios te ha dado mucho más de lo que jamás podrías darle.

Y más que eso, todo lo que tienes viene de él. En cierto sentido, no eres dueño de nada. Cada trabajo, casa, automóvil y dólar proviene en última instancia de Dios, quien te lo da para que lo manejes durante tu corta estadía en la tierra. Eres un administrador de sus cosas. Como al final de un juego de Monopolio, una vez que termina tu vida, todo vuelve a la caja. Todas las propiedades, casas y hoteles que poseías, incluso el "Boardwalk" (la propiedad más cara del juego), vuelven a la caja. No llevas tu dinero y posesiones contigo a la otra vida. Simplemente los administras mientras estás aquí.

A la luz de quién es Dios y lo que ha hecho por ti, das para adorar a Dios. En el nacimiento de Cristo, los Reyes Magos dejaron sus generosos regalos ante el niño Jesús. De adulto, Jesús se deleitó con la viuda que le dio dos monedas, todo lo que tenía (Lucas 21:1-3). Alabó a la mujer anónima que derramó perfume caro en sus pies (Lucas 7:36-50). Las ofrendas generosas hicieron sonreír a Jesús. Pone una sonrisa en el rostro de Dios. Esa es la sonrisa más importante.

En una de sus parábolas, Jesús habló de un maestro que representa a Dios. Elogió a su sirviente que manejó bien sus recursos. Imagina ser el sirviente y que Dios te diga esto:

> *Su señor le respondió: "¡Hiciste bien, siervo bueno y fiel! En lo poco has sido fiel; te pondré a cargo de mucho más. ¡Ven a compartir la felicidad de tu señor!"* (Mateo 25:21).

Me encanta la idea de compartir la felicidad de Dios. Quiero escucharlo decirme: "Bien, buen siervo y fiel". Dar generosamente pone esa sonrisa en el rostro de Dios. Al dar, puedes compartir la felicidad de Dios. Dar produce gozo, comenzando por Dios. La segunda sonrisa está en los rostros de los demás, las ofrendas generosas ponen una sonrisa en el semblante de los demás.

- Pone una sonrisa en el rostro de los demás

Dar hace felices a otras personas. Es un placer satisfacer una necesidad. Cuando le das a alguien que lo necesita desesperadamente, a menudo verás no solo una sonrisa, sino también lágrimas de alegría.

Un año durante las vacaciones de Navidad, un miembro de Christ Fellowship llamó para preguntar si había alguien necesitado a quien pudiera ayudar de forma anónima. Qué alegría tuvo uno de nuestros pastores. Verás, había otra familia en nuestra iglesia con un grupo de niños pequeños que tuvieron un año muy difícil. Este pastor tuvo el privilegio de entregar un gran cheque a esa familia. Mamá, papá y sus hijos, estaban llenos de alegría, sonrisas en todos los rostros. El profeta Isaías lo expresó poéticamente así,

> *Si te dedicas a ayudar a los hambrientos*
> *y a saciar la necesidad del desvalido,*
> *entonces brillará tu luz en las tinieblas,*
> *y como el mediodía será tu noche.*
> (Isaías 58:10).

Si realmente amamos a Dios, entonces daremos generosamente a los necesitados. El apóstol Juan lo dijo así,

> *Si alguien que posee bienes materiales ve que su hermano está pasando necesidad, y no tiene compasión de él, ¿cómo se puede decir que el amor de Dios habita en él?* (1 Juan 3:17).

De hecho, Proverbios dice que Dios nos recompensará,

> *Servir al pobre es hacerle un préstamo*
> *al SEÑOR;*
> *Dios pagará esas buenas acciones.*
> (Proverbios 19:17).

Dar a los pobres es una forma de dar a Dios. Me encanta la historia de Jesús sobre el buen samaritano que se hizo cargo de un extraño y dio su dinero para pagar por él. Imagina la sonrisa en el rostro de ese extraño sin nombre, en el rostro del posadero que le dijo que su cuenta estaba pagada (Lucas 10:25-37) y las sonrisas de todos los que se enteraron.

En la iglesia primitiva, *vendían propiedades y posesiones para dárselas a cualquiera que lo necesitara* (Hechos 2:45). Entonces, la Biblia registra, *que no había personas necesitadas entre ellos* (Hechos 4:34-35). Me encantaría decir que no hay personas necesitadas en Christ Fellowship porque todos damos a cualquiera que lo necesite. Es un gozo dar a aquellos que están sirviendo en el ministerio. Hace un tiempo, Tamara y yo disfrutamos mucho de decirle a uno de nuestros trabajadores globales de Christ Fellowship que habíamos decidido apoyarlos mensualmente. Nos agradecieron y nos volvieron a agradecer y nos agradecieron más. No lo hicimos por el agradecimiento. Nuestra alegría fue ver la sonrisa que puso en sus rostros.

Pablo elogió a los cristianos macedonios *porque nos suplicaron urgentemente el privilegio de participar en este servicio al pueblo del Señor* (2 Corintios 8:4). Estaban ansiosos por participar en el privilegio de apoyar financieramente el ministerio a otros. Es una maravilla participar en lo que Dios está haciendo. Cuando puedes compartir la obra de Dios en Uganda, China o en tu comunidad local, es una maravilla.

Cuando das a la iglesia, apoyas a todo el personal. Al hablar de los asalariados por la iglesia, la Biblia dice que un trabajador merece su salario (1 Timoteo 5:17-18). Tu donación paga sus salarios y les proporciona un seguro. Pones una sonrisa en el rostro de cada miembro del personal.

Escucha cómo Pablo resume el gozoso impacto de las ofrendas generosas:

> *Esta ayuda que es un servicio sagrado no solo suple las necesidades de los santos, sino que también redunda en abundantes acciones de gracias a Dios. En efecto, al recibir esta demostración de servicio, ellos alabarán a Dios por la obediencia con que ustedes acompañan la confesión del evangelio de Cristo, y por su generosa solidaridad con ellos y con todos. Además, en las oraciones de ellos por ustedes, expresarán el afecto que les tienen por la sobreabundante gracia que ustedes han recibido de Dios.* (2 Corintios 9:12–14).

Dar generosamente pone una sonrisa en el rostro de Dios y en el rostro de los demás. Luego hay una sonrisa más. Me sorprendió que parece haber más en la Biblia sobre esta sonrisa que sobre las otras dos. Pone una sonrisa en tu propia cara.

- **Pone una sonrisa en tu rostro**

Dar te hace sonreír. El punto no es que demos para recibir. Ciertamente no. No damos para hacernos ricos. Pero pasaje tras pasaje en la Biblia, enseña que el dar trae bendición. Te produce alegría. Te hace sonreír. Escucha la Palabra de Dios mientras lees algunas.

Aquí está el profeta Malaquías:

> *"Traigan íntegro el diezmo para los fondos del templo, y así habrá alimento en mi casa. Pruébenme en esto —dice el Señor Todopoderoso—, y vean si no abro las compuertas del cielo y derramo sobre ustedes bendición hasta que sobreabunde."* (Malaquías 3:10–11).

No es que Dios te traiga una pequeña bendición a cuenta gota. No, él promete abrir las compuertas del cielo y derramar tanta bendición que no tendrás espacio para almacenarla. Proverbios dice:

Honra al Señor con tus riquezas
* y con los primeros frutos de tus cosechas.*
Así tus graneros se llenarán a reventar
* y tus bodegas rebosarán de vino nuevo.*
(Proverbios 3:9-10).

Nota nuevamente la abundancia— llena hasta desbordar, sobreabunda.

Esta enseñanza continúa en el Nuevo Testamento. Escucha a Jesús en el libro de Lucas:

Den, y se les dará: se les echará en el regazo una medida llena, apretada, sacudida y desbordante. Porque con la medida que midan a otros, se les medirá a ustedes».
(Lucas 6:38).

Se refiere al antiguo comerciante de granos que llenaba el regazo de su cliente hasta que el grano se derramaba por el borde. Nunca puedes dar más a Dios de lo que nos da. Cuanto más das, más bendición te devuelve.

Pablo citó a Jesús señalando el punto básico de que dar trae gozo. En Hechos leemos,

> *Con mi ejemplo les he mostrado que es preciso trabajar duro para ayudar a los necesitados, recordando las palabras del Señor Jesús: "Hay más dicha en dar que en recibir"». (Hechos 20:35).*

Déjame parafrasearlo. Trae más alegría dar dinero que recibir dinero. Pone una sonrisa más grande en tu rostro el dar que el recibir. Damos porque la generosidad produce alegría a Dios, a los demás y a nosotros.

Las bendiciones que recibimos no solo son intrínsecas al acto de darnos, sino que provienen más bendiciones de Dios cuando damos. Dios nos enriquecerá en todos los sentidos. Hablando de dar generosamente, Pablo dice,

> *Y Dios puede hacer que toda gracia abunde para ustedes, de manera que siempre, en toda circunstancia, tengan todo lo necesario, y toda*

buena obra abunde en ustedes... El que le suple semilla al que siembra también le suplirá pan para que coma, aumentará los cultivos y hará que ustedes produzcan una abundante cosecha de justicia. Ustedes serán enriquecidos en todo sentido para que en toda ocasión puedan ser generosos, y para que por medio de nosotros la generosidad de ustedes resulte en acciones de gracias a Dios. (2 Corintios 9:8-11).

Estas bendiciones, estas "riquezas", son mucho más que financieras. Dar hace crecer tu alma. La generosidad cura la codicia. Dar generosamente te libera de las garras del consumismo. Te ayuda a liberarte de este mundo y vivir por la eternidad. Te ayuda a quitar la vista de ti mismo y a poner los ojos en los demás. Las ofrendas generosas fortalecen tu fe al expresar de manera tangible que tu seguridad no está en tus ahorros sino en tu Salvador.

Randy Alcorn escribió: "Dar no es la forma en que Dios recauda dinero, es su forma de criar hijos". [2] Dar es parte de la madurez espiritual, parte del seguimiento de Jesús. Jesús dijo: *Porque donde esté tu tesoro, allí estará también tu corazón* (Mateo 6:21). Dar hace crecer tu corazón.

Estas bendiciones no solo están aquí en la tierra, sino también en el cielo. Son ahora y son eternas. Jesús dijo,

> *No acumulen para sí tesoros en la tierra, donde la polilla y el óxido destruyen, y donde los ladrones se meten a robar. Más bien, acumulen para sí tesoros en el cielo, donde ni la polilla ni el óxido carcomen, ni los ladrones se meten a robar* (Mateo 6:19–20).

Pablo dijo que, al dar generosamente, acumulamos tesoros para la era venidera, *para que puedan apoderarse de la vida que es verdaderamente vida* (1 Timoteo 6: 17-19).

Dar produce alegría hoy y siempre. Nuestras sonrisas serán aún más grandes en el cielo. Se ha dicho que no trajiste nada al mundo y no sacarás nada, pero una verdad más profunda es que puedes enviar tesoros por delante. Tu ofrenda de hoy acumula tesoros en el cielo. Mucha gente ignora esto. Lo que hagas con tu dinero hoy, impacta en la eternidad.

Este dicho de Proverbios resume el punto:

> *Unos dan a manos llenas, y reciben más de lo que dan; otros ni sus deudas pagan, y acaban en la miseria. El que es generoso prospera; el que reanima será reanimado.* (Proverbios 11:24–25).

¿Por qué dar? Dar produce alegría. Debes dar porque pone una sonrisa en tres caras: la de Dios, la de los demás y la tuya. Da generosamente para crear olas de sonrisas, una reacción de alegría en cadena. ¿A que podría parecerse? Da generosamente y observa cómo crece la sonrisa en el rostro de la otra persona, siente la sonrisa extenderse por tu rostro e imagina a Dios en su trono, en el cielo, sonriendo mientras te ve dar.

Creemos una reacción de alegría en cadena, una ola de sonrisas.

Capítulo 2

¿A Quién Dar?

El lunes, tu cuenta de Facebook te muestra imágenes trágicas de una linda niña de 6 años con cáncer en los huesos, y un viejo amigo de la escuela secundaria te pide que dones.

Tu casilla de correo electrónico tiene dos solicitudes de organizaciones cristianas que comparten las últimas necesidades urgentes de la hambruna en Etiopía y la difícil situación de las adolescentes que son víctimas de trata sexual en Tailandia.

El mismo día, dos boletines llegan por correo postal con un llamado para donar a un fondo de becas para tu Alma Mater y otro para tu banco de alimentos local.

Mientras tanto, tu iglesia local recibe una ofrenda todos los domingos. El hermano de tu esposa, que es padre soltero, perdió su trabajo y se le acabó la indemnización, por lo que él y sus dos hijos necesitan ayuda con las necesidades básicas.

Además de estas oportunidades de donaciones, uno de tus compañeros de cuarto de la universidad sirve como misionero en la India y accediste a apoyarlo mensualmente, pero también quieres apadrinar a un niño necesitado en un país del tercer mundo que requiere un pago financiero mensual.

¿Te suena familiar? La mayoría de nosotros estamos inundados de solicitudes de organizaciones benéficas y buenas causas, hasta el punto de que puede ser abrumador. Las solicitudes provienen de las grandes organizaciones como la Cruz Roja, y de buenas causas como curar el cáncer de mama. Y a menudo alguien que conoces está involucrado. Mi nuera trabajaba para St. Jude Children's Research

Hospital. Las campañas de donaciones financiadas por multitudes y el último desastre, compiten por nuestras donaciones.

Puede resultar confuso dónde debes dar tu dinero. ¿Cómo tomar decisiones acertadas sobre dónde invertir tu dinero para donaciones? Mi esperanza es brindarte claridad bíblica sobre las prioridades divinas para tus ofrendas.

Tres Criterios Básicos

Se aplican tres criterios a todas las oportunidades de dar. El primero es la integridad. Solo debes donar a organizaciones que tengan integridad. Lamentablemente, algunas personas utilizan causas benéficas para enriquecerse. Hay estafas por ahí. Comprueba si el jefe de la Organización tiene un salario exorbitante, vive en una mansión o compra aviones privados. Revisa si hay una auditoría externa o aprobación de una Organización de acreditación externa como la

EFCA (el Consejo Evangélico de Responsabilidad Financiera).

En segundo lugar, debes donar a Organizaciones que sean eficaces. Revisa cómo un grupo u Organización está usando el dinero. ¿Realmente están haciendo el buen trabajo que dicen hacer? Revisa si publican un informe que muestre sus resultados. Si puedes hacerlo, visita la Organización o el área en la que prestan servicios para ver qué está sucediendo realmente.

En tercer lugar, busca la transparencia. En Christ Fellowship, estamos comprometidos con la más alta integridad y eficacia. Y somos transparentes con nuestras finanzas. Tu, junto con cualquier persona en el mundo, pueden visitar la página web de Christ Fellowship en Español, www.cfespanol.org. Haz clic en "Donaciones". Escanea y verás el mismo informe mensual que se envía a nuestra Junta de Ancianos, luego puedes consultar los enlaces a nuestras políticas financieras, procedimientos y presupuesto.

También publicamos nuestra auditoría externa anual. Somos abiertos con nuestras finanzas.

Las buenas organizaciones tienen políticas como las que protegen contra los conflictos de intereses, que requieren firmas dobles en los cheques y que limitan quién tiene acceso a una tarjeta de crédito.

En Christ Fellowship, cada dólar está comprometido con nuestra misión de ser gente que ayuda a gente a encontrar y seguir a Cristo, y aprovechamos cada dólar. Somos frugales. Cada año, cuando nuestro Auditor se reúne con los Ancianos, felicita al equipo de finanzas de Christ Fellowship por tener una de las mejores prácticas de cualquier iglesia que auditan.

Sabiendo que debes dar a organizaciones que tienen alta integridad, eficacia y transparencia, ¿hay lugares en los que Dios quiere que priorices tus donaciones? ¿A quién deberías dar? Hay tres lugares que tienen prioridad bíblica y divina. El primero es para la familia de tu iglesia.

1. A tu familia de la iglesia

En el Antiguo Testamento, antes de la fundación de la iglesia, el pueblo de Dios debía apoyar el templo, incluso proveer para los sacerdotes y levitas que servían. Los sacerdotes y los trabajadores del templo serían aproximadamente equivalentes al personal de la iglesia de hoy.

En el Nuevo Testamento, más del 90 por ciento de las referencias a "iglesia" (en griego, *ekklesia*) son visibles comunidades locales de personas. El libro de los Hechos registra la fundación y multiplicación de iglesias locales. No había ministerios para eclesiásticos, escuelas, agencias misioneras o ministerios de radio. Los pasajes bíblicos sobre dar están escritos para iglesias locales, como la iglesia en Corinto.

Considera la naturaleza de la iglesia local. Bíblicamente, la iglesia es la familia del Padre, el cuerpo de Jesucristo el Hijo, y el templo del Espíritu Santo. No es simplemente una organización más, sin fines de lucro, creada por humanos. Más bien, la iglesia es una entidad divina como el matrimonio y la familia. Otros buenos ministerios y organizaciones no son paralelos a la iglesia ni la reemplazan. Las iglesias son sobrenaturales, de modo que las locales de hoy, son organismos divinos que son la expresión principal de Dios de su reino. Y como tal, tu iglesia local merece prioridad en tus donaciones financieras.

La iglesia es tu familia espiritual. Dar debe comenzar con tu familia. Cada miembro de una familia saludable contribuye a la familia. Y, con razón, pones a la familia en primer lugar.

Además, la Biblia deja en claro que tienes la responsabilidad de apoyar económicamente a quienes te enseñan, dirigen y cuidan de ti en las iglesias locales. A los Gálatas, Pablo les escribe,

> *El que recibe instrucción en la palabra de Dios comparta todo lo bueno con quien le enseña.* (Gálatas 6:6).

Y le dio dirección a Timoteo para la iglesia en Éfeso,

> *Los ancianos que dirigen bien los asuntos de la iglesia son dignos de doble honor* [una referencia al apoyo financiero], *especialmente los que dedican sus esfuerzos a la predicación y a la enseñanza. Pues la Escritura dice: «No le pongas bozal al buey mientras esté trillando», y «El trabajador merece que se le pague su salario».*
> (1 Timoteo 5:17–18).

Permítanme confesar que es incómodo hablar de este punto como pastor en una iglesia local, pero es la verdad. Bíblicamente, si el personal de la iglesia te está ministrando, debes apoyarlos económicamente para que puedan dedicar su tiempo a enseñar y cuidar de ti y de tus hijos.

Después de un extenso estudio sobre las ofrendas, en uno de los libros mejor considerados sobre el tema, el autor Gene Getz concluye: "La iglesia local debe ser el contexto principal de Dios tanto para las ofrendas sistemáticas, como para el mantenimiento de la responsabilidad en el área de las posesiones materiales". [3] Él aconseja: "Una buena regla general es que los cristianos den al menos el 10 por ciento de sus ingresos a sus iglesias locales antes de que apoyen ministerios adicionales".[4] El autor cristiano Randy Alcorn dice de manera similar: "Normalmente, creo que las primicias o el diezmo deben ir directamente a la iglesia local".[5] Ya sea que la cantidad sea del 10 por ciento o no, estoy de acuerdo con Getz y Alcorn en que la prioridad bíblica, es dar a tu iglesia local como tu familia espiritual. La segunda prioridad bíblica es dar a los necesitados.

2. A los necesitados

Ves el corazón especial de Dios para los necesitados tanto en el Antiguo como en el Nuevo Testamento. Tiene especial preocupación por los huérfanos, las viudas y los oprimidos. Proverbios afirma:

> *El que ayuda al pobre no conocerá la pobreza; el que le niega su ayuda será maldecido.* (Proverbios 28:27).

- **Personas en nuestra familia de la iglesia**

De todos los necesitados, nuestra responsabilidad primero es con los de nuestra propia familia de la iglesia. La parábola de las ovejas y las cabras les habla a los hermanos en la fe. En el juicio final, el Rey separará a la gente como un pastor separa las ovejas y las cabras en función de cómo una persona satisfizo las necesidades del más pequeño de nuestros hermanos. Jesús dijo,

> *Entonces dirá el Rey a los que estén a su derecha: "Vengan ustedes, a quienes mi Padre ha bendecido; reciban su herencia, el reino preparado para ustedes desde la creación del mundo. Porque tuve hambre, y ustedes me dieron de comer; tuve sed, y me dieron de beber; fui forastero, y me dieron*

alojamiento; 36 necesité ropa, y me vistieron; estuve enfermo, y me atendieron; estuve en la cárcel, y me visitaron". Y le contestarán los justos: "Señor, ¿cuándo te vimos hambriento y te alimentamos, o sediento y te dimos de beber? ¿Cuándo te vimos como forastero y te dimos alojamiento, o necesitado de ropa y te vestimos? ¿Cuándo te vimos enfermo o en la cárcel y te visitamos?" El Rey les responderá: "Les aseguro que todo lo que hicieron por uno de mis hermanos, aun por el más pequeño, lo hicieron por mi".
(Mateo 25:34–40).

En el libro de los Hechos, leemos acerca de cómo la primera iglesia vivió lo que Jesús pidió:

pues no había ningún necesitado en la comunidad. Quienes poseían casas o terrenos los vendían, llevaban el dinero de las ventas y lo entregaban a los apóstoles para que se distribuyera a cada uno según su necesidad.
(Hechos 4:34–35).

Los creyentes dieron a la iglesia y la iglesia distribuyó fondos a los necesitados. No había nadie necesitado entre ellos. Queremos la misma realidad en nuestras iglesias locales hoy. Si alguien en una iglesia local carece de comida diaria, ropa adecuada o un lugar para vivir, nos cuidamos unos a otros. Por supuesto, una iglesia debe realizar la debida diligencia para garantizar que las necesidades sean legítimas y que la donación realmente ayude.

Es probable que tu iglesia tenga un fondo de benevolencia. En Christ Fellowship, nuestro "Fondo de amor" es nuestro capital para cuidar a los más necesitados primero, y luego a nuestra comunidad. Distribuimos el 100 por ciento de esos fondos, directamente a las personas, a medida que verificamos la necesidad y les ayudamos a prosperar financiera y espiritualmente a largo plazo. No solo apoyamos a familias de nuestra iglesia también a nuestra comunidad.

- **Personas en nuestra comunidad**

Entre los muchos proverbios sobre dar a los necesitados, Proverbios 19:17 da una promesa:

> *Servir al pobre es hacerle un préstamo al Señor; Dios pagará esas buenas acciones.* (Proverbios 19:17).

Jesús hace que esta verdad cobre vida en su historia del Buen Samaritano. Tal vez recuerdas que un hombre sin nombre fue atacado, golpeado y robado, y luego lo dejaron a un lado de la carretera. Mientras un sacerdote y un levita pasaban al otro lado del camino, un samaritano común se ocupaba del herido. Al final de la historia, Jesús preguntó,

> *¿Cuál de estos tres piensas que demostró ser el prójimo del que cayó en manos de los ladrones? El que se compadeció de él —contestó el experto en la ley. Anda entonces y haz tú lo mismo —concluyó Jesús.* (Lucas 10:36–37).

La Biblia nos llama a mostrar misericordia financiera a las personas necesitadas en nuestra comunidad, incluidas las de diferentes etnias y creencias.

Es un placer ayudar a las personas de nuestra comunidad local. La gente de Christ Fellowship ha realizado campañas de recolección de alimentos, ha comprado regalos de Angelitos de Navidad, ha reparado casas y mucho más. Una casa que necesitaba reparación terminó convirtiéndose en un proyecto mucho más grande que tomó meses y mucho más dinero de lo que anticipamos. Los miembros de la iglesia se interesaron por el dueño de la casa y lo auxiliaron, cuando estaba perdiendo la vista, lo llevaron a sus citas médicas y lo ayudaron de muchas maneras, sobre todo, siendo amigos fieles.

En diciembre, hace unos años, un tornado trajo un desastre a nuestra comunidad, incluidas dos familias en Blue Ridge, una ciudad en el norte del condado de Collin. La casa móvil de los Santillano fue destrozada, pero mucho peor, su niña recién nacida de tres días murió durante el tornado. Además, la familia González, de nueve miembros, incluida una niña con necesidades especiales, perdió su casa y sus vehículos. Dos líderes de Christ Fellowship, Bob y Terry, trabajaron con un grupo de iglesias y agencias para brindar ayuda. Se cubrieron las necesidades inmediatas de alimentos y ropa, pero ambas familias necesitaban un lugar donde vivir. Gracias a la generosidad de la gente, pudimos proporcionar dos nuevas casas prefabricadas completamente amuebladas. Tuve tanta alegría de estar allí para ver sus sonrisas y lágrimas de felicidad cuando las familias entraron, por primera vez, por la puerta de sus nuevos hogares.

¡Dar produce tanta alegría! Comienza una cascada de alegría, una reacción de sonrisas en cadena. Hay una tercera prioridad bíblica sobre dónde debemos dar. Además de tu iglesia local y los necesitados, debemos priorizar las donaciones a las misiones globales.

- A misiones globales (Propempo)

El evangelio de Jesucristo es la única esperanza para cada uno de nosotros. Es el mensaje más importante. El apóstol Pablo escribió,

> *Porque ante todo[a] les transmití a ustedes lo que yo mismo recibí: que Cristo murió por nuestros pecados según las Escrituras,*
> (1 Corintios 15:3).

El evangelio comparte la forma en que cualquiera es salvo eternamente.

Jesús dijo que sus seguidores serán testigos del mundo entero, hasta los confines de la tierra. Para hacer eso, debemos ir y enviar personas para llevar el mensaje. En el libro de Romanos, leemos,

> *porque «todo el que invoque el nombre del Señor será salvo». Ahora bien, ¿cómo invocarán a aquel en quien no han creído? ¿Y cómo creerán en aquel de quien no han oído? ¿Y cómo oirán si no hay quien les*

predique? ¿Y quién predicará sin ser enviado? Así está escrito: «¡Qué hermoso es recibir al mensajero que trae buenas nuevas!»!" (Romanos 10:13–15).

Cuando das a los trabajadores globales (misioneros), inviertes en el evangelio.

Este es un modelo bíblico. En los cuatro Evangelios, puedes ver que las personas apoyaron económicamente a Jesús y sus discípulos. Este modelo continúa con los Apóstoles. La gente en las iglesias envió misioneros (trabajadores globales), con ayuda financiera.

Hay una palabra griega que se usa siete veces en el Nuevo Testamento con un enfoque específico en dar a los misioneros. La palabra es *propempō*. Significa ayudar a alguien a hacer un viaje, *enviar comida y dinero*. *Propempō* se convirtió en un término cristiano que se usó para exhortar, obligar e incluso ordenar a los creyentes que enviaran individuos o equipos de obreros del evangelio con todos los recursos necesarios para que su viaje fuera un éxito.

En 3 Juan, Juan escribe una carta personal a un creyente llamado Gayo, quien recientemente había financiado un equipo de misioneros visitantes. Juan lo animó a continuar con su financiación,

> *Harás bien en ayudarlos a seguir su viaje, como es digno de Dios. Ellos salieron por causa del Nombre, sin nunca recibir nada de los paganos; nosotros, por lo tanto, debemos brindarles hospitalidad, y así colaborar con ellos en la verdad.* (3 Juan 6b–8).

Esta ofrenda a los trabajadores globales es un mandato bíblico de *propempō*, para ayudar económicamente a aquellos que van a llevar el evangelio al mundo. Cuando les das, te conviertes en socios de ellos.

Aquí está la conclusión. ¿Por qué damos? Para producir alegría. Recuerda las tres sonrisas: en el rostro de Dios, en el rostro de los demás y en el tuyo. ¿Dónde deberíamos dar? Recuerda los tres destinatarios: la familia de la iglesia, los necesitados y las misiones globales.

Otras prioridades de ofrenda

Dado que estos son los tres destinatarios prioritarios de Dios para nuestras ofrendas, ¿cómo vamos a considerar otras oportunidades caritativas como el fondo de becas de nuestra universidad, la Cruz Roja y la Asociación Estadounidense del Corazón? ¿Qué hay de dar a las crisis personales como una niña con cáncer? Necesidades como estas caen bajo la amplia dirección bíblica de que debemos hacer el bien a todos. El apóstol Pablo escribe este consejo a los creyentes en Galacia,

> *Por lo tanto, siempre que tengamos la oportunidad, hagamos bien a todos, y en especial a los de la familia de la fe.*
> (Gálatas 6:10).

Entonces, además de dar primero a tu iglesia local, y luego a los necesitados y a las misiones globales, también debes aprovechar la oportunidad para hacer el bien más allá de eso. A menudo, este tipo de donaciones tiene como objetivo la segunda prioridad de dar a los necesitados.

Mi esposa y yo donamos regularmente a la dispensa local de alimentos, especialmente cuando ofrecen doblar o triplicar nuestra donación. Hemos donado a una cuenta de GoFundMe para un amigo con cáncer. Estos tienden a ser donaciones más pequeñas para nosotros y no tan regulares.

La instrucción de hacer el bien, *especialmente* a aquellos que pertenecen a la familia de los creyentes, te alienta a concentrarte en las relaciones personales. Antes de dar a alguien que no conoces, ya sea en tu comunidad o alrededor del mundo, dale a alguien que conozcas personalmente, especialmente si está en tu iglesia.

¿Y qué tal dar a las personas de tu propia familia que han atravesado tiempos difíciles? A veces, los padres mayores no han ahorrado lo suficiente para cubrir sus necesidades en el futuro. A veces, los jóvenes adultos no comienzan bien o cometen errores costosos al principio. El apóstol Pablo le dio esta instrucción a su asociado Timoteo para los cristianos en Éfeso,

> *Pero, si una viuda tiene hijos o nietos, que estos aprendan primero a cumplir sus obligaciones con su propia familia y correspondan así a sus padres y abuelos, porque eso agrada a Dios.*
> (1 Timoteo 5:4, 8).

Sin embargo, esta instrucción no mitiga tu obligación de dar prioridad a dar a tu iglesia, a los necesitados y a las misiones globales. El cuidado de tu familia está en una categoría diferente de administración financiera. Por ejemplo, poner comida en la mesa para tus hijos no es "darles", sino cumplir con parte de tu responsabilidad fundamental de mantener a tu familia. En otras palabras, estaría mal decirse a sí mismo: "Le doy dinero a mi suegra para que pague el alquiler, así que no voy a darle dinero a la iglesia".

Nuestro dar generoso responde a la generosidad previa y abrumadora de Dios hacia nosotros. Dios es el mayor dador, quien dio el regalo más grande, su único Hijo. Dar adora a Dios, honrarlo como el incomparable Dios trino. Dar expresa gratitud a Dios por sus innumerables regalos para nosotros, tantas bendiciones espirituales y vida eterna. Dar es divertido. Es una maravilla. Dar bendice a los demás. Satisface las necesidades y promueve el evangelio. Dar hace una inversión y una diferencia eterna. Dar te bendice. Te traerá gozo al traer gozo a otros y, lo más importante, le traerá gozo a Dios. Ese es el efecto de generosidad, una cascada de sonrisas, una reacción de alegría en cadena.

¿Y a quién le das para experimentar esta alegría? Descubrimos tres prioridades bíblicas para nuestras ofrendas:

1. A nuestra familia de la iglesia

2. A los necesitados

3. A los trabajadores globales

Capítulo 3
¿Cuánto dar?

¿De dónde viene esta pregunta? Varía.

La pregunta surge de cristianos sinceros que no están seguros de lo que dice la Biblia, pero que realmente quieren honrar a Dios.

Otros hacen la pregunta con el deseo de encontrar el nivel mínimo. Su verdadera pregunta es: "¿Qué tan poco podría dar y aún ser aceptable?"

La pregunta surge cuando establecemos presupuestos personales y preguntamos en oración cuánto gastar, ahorrar y dar. Las realidades financieras concretas complican la pregunta, como ¿debo dar si estoy endeudado? ¿Qué pasa si no puedo pagar mis facturas en este momento? ¿Qué pasa si pierdo mi trabajo, pero aún tengo inversiones? ¿Qué pasa si tengo un ingreso fijo? Y más preguntas relacionadas con tus circunstancias financieras específicas.

A muchos cristianos se les ha enseñado a "diezmar", que es dar el 10%. Quizás te preguntes si debes dar una décima parte de tus ingresos, y luego, ¿se calcula de tu ingreso bruto o neto, y qué cuenta como ingreso? Si tu abuela te da $ 100 por tu cumpleaños, ¿estás obligado a dar $ 10 a tu iglesia?

Es posible que hayas escuchado un eslogan como "da hasta que duela" o "da más de lo que puedas pagar". ¿Es tu dar siempre suficiente? Jesús le dijo a un hombre en la Biblia que regalara todo su dinero. Y Jesús elogió a una viuda que dio todo lo que tenía para vivir. ¿Es ese el estándar bíblico de cuánto dar si realmente estás comprometido con Dios?

¿Por qué crees que la pregunta de cuánto dar es tan delicada? ¿Por qué la gente evita una conversación sobre dar? Me pregunto si es porque el dinero nos ata directamente al corazón. Lo que hacemos con nuestro dinero revela concretamente nuestro corazón. Jesús dijo,

> *Porque donde esté tu tesoro, allí estará también tu corazón.* (Mateo 6:21).

Es una cuestión de corazón. El dinero expresa concretamente lo que nos importa. Muestra dónde está nuestra fe, y es contable y objetivo, por lo que es sensible.

Dado que tu ofrenda es una respuesta a la generosidad de Dios, ¿cuánto te dio? Dio a su único Hijo. Nunca podrías "pagarle" a Dios, y ese ni siquiera es un motivo noble para dar. Nos deleitamos en la asombrosa generosidad de Dios hacia nosotros que nos inspira a ser generosos por gratitud. Dios nos da la bienvenida a su familia y nos ofrece una herencia eterna que los creyentes comparten con Jesucristo como coherederos. Nuestra herencia divina es simplemente increíble, muy rica.

Cortemos la retórica y vayamos directamente a la Palabra de Dios para responder esta pregunta práctica y espiritual. No quieres ser tacaño, esporádico o infiel, sino generoso y honrado con Dios, y quieres evitar los extremos y evitar el legalismo. ¿Qué te dice realmente la Palabra de Dios acerca de cuánto debes dar?

El "Diezmo"

Una respuesta que encontrarás a esta pregunta es diezmar. "Diezmo" es una de esas palabras que escuchas a menudo en las iglesias, pero no mucho en la conversación general. Mientras que la palabra *diezmo* significa literalmente "décimo", hoy el término "diezmo" se usa erróneamente para referirse a todo lo que das. La gente habla de "diezmar" $100 al mes cuando en realidad gana $5,000 al mes. Cuando un diezmo verdadero sería cinco veces más, $500, porque eso es el 10 por ciento de $5,000.

¿Dios te ordena que des el 10 por ciento? Los buenos cristianos no están de acuerdo con este tema. Así es como lo veo yo. En la ley del Antiguo Testamento, en realidad había tres "diezmos": se requería un diezmo para mantener a los levitas, un segundo diez por ciento se usaba para una fiesta religiosa, y cada tres años se recolectaba un diez por ciento adicional, para las viudas y los huérfanos para un total de, alrededor, del 23 por ciento!

Mientras que Jesús se refiere al diezmo (Mateo 23:23), el Nuevo Testamento nunca ordena dar un diezmo. Sin embargo, la pauta del 10 por ciento puede servir como un simple punto de partida. Por ejemplo, incluso antes de la ley, Abraham dio un décimo (Génesis 14:20). A medida que descubramos los principios del Nuevo Testamento para dar, verás que muchos de nosotros deberíamos estar dando más del 10 por ciento o incluso, el 23 por ciento.

Entonces, aunque el diezmo no es un mandamiento o una ley para los cristianos de hoy, es una pauta simple y fácil de calcular basada en un precedente histórico. Animo a los padres a que enseñen a sus hijos a dar. Cuando les dimos una mesada a nuestros hijos, les enseñamos a apartar el 10 por ciento para dárselo al Señor en la iglesia. Si su asignación era de $10 por semana, daban $1 por semana, comenzando así una vida de generosidad.

Si la respuesta no es que Dios requiere un décimo (un diezmo), entonces, ¿cuánto dice la Biblia que debes dar? Dado que realmente quieres honrar a Dios en esta área de tu vida, ¿qué haces? A pesar de nuestras diversas circunstancias financieras, hay tres principios bíblicos que pueden guiarnos a cada uno de nosotros a la hora de decidir cuánto dar. Para simplificar, lo llamo "Las 3P del Dar". Cada P representa un principio bíblico rector. Tu primera P está planificada.

1. Planificada

Las ofrendas generosas no son al azar, sino que se planean con oración. El domingo por la mañana, no debes determinar cuánto darás. Eso debería haberse determinado de antemano. Pablo dice,

> *Cada uno debe dar según lo que haya decidido en su corazón, no de mala gana ni por obligación, porque Dios ama al que da con alegría.* (2 Corintios 9:7).

La palabra "decidió" en griego, *proēretai*, significa dejar de lado de antemano, decidir de antemano. Escucha la dirección de Pablo a los cristianos de Corinto:

> *En cuanto a la colecta para los creyentes, sigan las instrucciones que di a las iglesias de Galacia.* (1 Corintios 16:1).

No puedes apartar una suma de dinero sin planificar con anticipación.

Al planificar tus donaciones, debes considerar la posibilidad de dar antes de otras asignaciones. Este es el principio de las primicias. Proverbios dice:

> *Honra al Señor con tus riquezas*
>   *y con los primeros frutos de tus cosechas.*
> *Así tus graneros se llenarán a reventar*
>   *y tus bodegas rebosarán de vino nuevo.*
> (Proverbios 3:9–10).

En una economía agraria, las primicias eran literalmente las primeras de las cosechas de aceitunas, trigo o lo que sea que cosecharan. También sería lo mejor. Si criaran ovejas, sería el primero y mejor de sus corderos. Debemos dar lo primero y lo mejor al Señor.

Cuando demoramos en dar, a menudo se nos olvida, o el dinero se usa para otra cosa. Algunas personas suman todas sus obligaciones financieras y luego renuncian a lo que les queda. O pueden simplemente mirar lo que queda al final del mes.

La mejor manera es planificarlo desde el principio. Toma tus ingresos, calcula el 10 por ciento o más y ofréndalos primero, luego asigna el resto a todo lo demás. Planea dar a Dios primero. Encontrarás que tu 90 por ciento va más allá de tu 100 por ciento cuando honras a Dios con tus "primicias" dándole el primer 10 por ciento o más a Dios.

Entonces, ¿cómo planificas prácticamente tus donaciones? Algunos de ustedes son planificadores más detallados de su dinero y otros son espíritus más libres. En cualquier caso, debes determinar en oración tu ofrenda por adelantado. Tómate el tiempo para calcular tus ingresos, luego establece un porcentaje para dar. Mi esposa Tamara y yo usamos Mint.com para nuestro presupuesto personal. Si no estás seguro por dónde empezar, te recomiendo el 10 por ciento. Si no puedes llegar al 10 por ciento desde el principio, haz del 10 por ciento tu objetivo y comienza con alguna cantidad por encima del cero. Empieza con el 1 por ciento.

En general, recomiendo dar con la misma frecuencia con la que te pagan o recibes ingresos. Si te pagan semanalmente, da semanalmente. Me pagan un cheque de pago bimensual los días 10 y 25, por lo que mi esposa y yo hemos configurado nuestras donaciones en línea a ese ritmo.

Si estás casado, dar es más complicado porque necesitas estar de acuerdo con tu pareja. Si eres soltero, da todo lo que quieras. ¡Ese es uno de los beneficios de estar soltero!

Entre esposos, al principio, rara vez se está de acuerdo. Una conversación sobre dar puede ser una excelente manera de hacer crecer tu matrimonio con una conversación espiritual. Te animo a que dediques un tiempo sin prisas, oren y luego se escuchen profundamente entre sí. Mira los datos financieros de tu familia, ora por la unidad y luego lleguen a un acuerdo. En general, me inclinaría por el cónyuge más generoso. Eso es lo que Tamara y yo intentamos hacer con nuestras decisiones de donación. La primera P en las donaciones 3P está planificada. La segunda P es proporcional.

2. Proporcionada

Puedes encontrar esta verdad desde Moisés en Deuteronomio.

> *Cada uno llevará ofrendas, según lo haya bendecido el Señor tu Dios.*
> (Deuteronomio 16:17).

En sus instrucciones a los corintios sobre su ofrenda, Pablo dice:

> *Lleven ahora a feliz término la obra, para que, según sus posibilidades,* **cumplan con lo que de buena gana propusieron**. *Porque, si uno lo hace de buena voluntad, lo que da es bien recibido* **según lo que tiene, y no según lo que no tiene.**
> (2 Corintios 8:10–12).

Observa que tu ofrenda no se basa estrictamente en los ingresos, sino en cómo el Señor te ha bendecido, de acuerdo con lo que tienes. Esto es más amplio que los ingresos.

Dicho esto, es posible que tengas muy poco o incluso nada. Si te encuentras en una pobreza extrema, la familia de tu iglesia puede ayudarte. Hazles saber. Es posible que no conozcan tu situación. Ningún miembro de una iglesia local debe quedarse sin las necesidades básicas de comida, ropa y refugio. El resto de la familia de la iglesia está lista para darte.

Tu ofrenda debe ser proporcional a cómo has sido bendecido por Dios. A los corintios, Pablo les dijo que debían apartar una suma de dinero *de acuerdo con sus ingresos* (1 Corintios 16:2). Elogió a los increíblemente generosos cristianos macedonios por su modelo, *porque dieron todo lo que pudieron, e incluso más allá de su capacidad* (2 Corintios 8: 3).

La mayoría de nosotros en el mundo occidental, hemos sido bendecidos financieramente mucho más que la mayoría de las personas en el mundo y, sin embargo, nuestras donaciones son terriblemente desproporcionadas con nuestros ingresos. Puedes acceder a Internet y buscar sitios web en los que puedas comparar tus ingresos con los del resto del mundo. Es vergonzoso, porque al menos para mí, tuve que mirar fijamente el hecho de que mis ingresos me colocan en el 1 por ciento superior del mundo.

En un estudio de datos de las declaraciones de impuestos del IRS, Scott Burns, un escritor financiero del *Dallas Morning News*, descubrió una tendencia alarmante.

Los hogares con ingresos brutos más abultados dieron un porcentaje mucho más bajo a la caridad que aquellos con ingresos brutos más apretados. En el extremo inferior, los hogares con ingresos apretados, de $10,000 a $15,000, dieron un promedio de 11.6 por ciento. Los hogares con ingresos más holgados, de $200,000 a $500,000, dieron 2.5 por ciento.

Burns dice que si estudias toda la tabla, encontrarás que "las donaciones y los ingresos están inversamente relacionados. Las personas con ingresos más altos dan menos." [6]

Este fenómeno es lo opuesto al principio bíblico. A medida que aumentan tus ingresos, tus donaciones deberían aumentar. Dar generosamente es proporcionado. Muchos estadounidenses pueden dar más del 10 por ciento y aún manejar otras obligaciones de manera responsable.

Veamos las donaciones reales para una iglesia. Estos datos provienen de mi propia iglesia hace varios años, basados en donaciones anuales. Y me han dicho que estos porcentajes son comunes en las iglesias estadounidenses.

- El 16 por ciento de los hogares donó más de $4,000 con una donación promedio de $9,508.
- El 29 por ciento dio entre $400 y $3,999 con una donación promedio de $1,596.
- El 20 por ciento dio de $1 a $399 con una donación promedio de $122.
- El 35 por ciento de los hogares dio cero.

Intenta encontrarte en la lista. ¿En qué categoría caíste el año pasado en términos de donaciones a tu propia iglesia local? Por supuesto, la cantidad de tus ingresos hace una gran diferencia en la cantidad de tus donaciones. Un problema es que a medida que aumentan nuestros ingresos, aumentan nuestros gastos, pero con demasiada frecuencia, nuestras donaciones no aumentan.

Seamos prácticos. Calcula qué porcentaje de tus ingresos diste el año pasado. Mira tu último cheque de pago del año o tu W-2. O simplemente mira tus ingresos el mes pasado y el porcentaje de tus ingresos que diste el mes pasado.

Honestamente enfrenta la verdad sobre tus donaciones en términos del porcentaje de tus ingresos. Una pareja de nuestra iglesia realmente me impresionó. Hicieron este ejercicio y confesaron que no se sentían bien con sus ofrendas y querían rendir cuentas. Entonces me dieron un sobre con una copia de la página de su declaración de impuestos 1040 que enumera sus ingresos brutos ajustados y una copia de su declaración de contribución de la iglesia. Luego escribieron el porcentaje de sus donaciones a la iglesia. El primer año fue algo así como el 2.8 por ciento, pero durante los dos años siguientes me han dado el mismo sobre y cada año el porcentaje ha crecido.

Una vez que identifiques qué proporción estás dando hoy, da un paso adelante. Da un paso del 3 al 4 por ciento. Del 0 al 10 por ciento al 11 por ciento o hasta el 25 por ciento o incluso el 50 por ciento. Una familia de nuestra iglesia dio el 50 por ciento de sus ingresos y les encantó. No puedes dar más que Dios.

Si tienes algún ingreso y no estás dando nada, te animo a que comiences con algo. Si estás dando algo, te animo a orar par que puedas llegar alrededor del 10 por ciento. Da un gran salto de fe. Si estás al 10 por ciento, te animo a orar por un paso más allá.

Pero, ¿y si estás endeudado? ¿Deberías pagar tu deuda antes de comenzar a dar? No. Da primero. Honra a Dios por encima de tus acreedores. ¿Qué pasa si apenas estás pagando las facturas? Da algo de todos modos. Analiza detenidamente hacia dónde va tu dinero, especialmente en áreas discrecionales como ropa, salir a comer y entretenimiento, incluida la televisión por cable y satelital, y tu plan de teléfono celular. Es posible que tu donación no sea el 10 por ciento de tus ingresos, pero da más de cero.

Dar es una de las únicas áreas en las que Dios te invita a probarlo. Los invito a aceptar a Dios en su invitación en Malaquías, donde Dios dice,

> *"Traigan íntegro el diezmo para los fondos del templo, y así habrá alimento en mi casa. Pruébenme en esto —dice el Señor Todopoderoso—, y vean si no abro las compuertas del cielo y derramo sobre ustedes bendición hasta que sobreabunde."* (Malaquías 3:10).

He animado a muchas personas a aceptar este "desafío de Malaquías" y nadie se ha arrepentido nunca. Dios cumple su promesa. Puede que las bendiciones no sean económicas. Puede que sean mejores que el dinero.

¿Cuánto deberías dar? Tu donación debe ser planificada y proporcionada. Esos son las dos primeras P. Aquí está la tercera. Nuestra ofrenda debe ser progresiva.

3. Progresiva

La mayoría de nosotros queremos seguir creciendo en fe, conocimiento y amor. Queremos dar los siguientes pasos para avanzar más en el camino hacia la semejanza a Cristo. Sin embargo, con respecto a las donaciones generosas, muchos deciden un porcentaje fijo o una cantidad de donación nivelada y permanecen allí de por vida. Pero la madurez espiritual incluye crecer en generosidad. Pablo nos dice,

> *Pero ustedes, así como sobresalen en todo —en fe, en palabras, en conocimiento, en dedicación y en su amor hacia nosotros—, procuren también sobresalir en esta gracia de dar.* (2 Corintios 8:7).

Sobresalir, en griego, *perisseuete*, significa abundar, ser extraordinario. No quieres estancarte en tu ofrenda. Debes sobresalir en la gracia de dar. Es posible que hayas oído hablar de los guerreros de oración, personas que son asombrosas en la oración. ¿Qué de los guerreros para ofrendar? Dios nos ha confiado tanto. Los donantes generosos progresan en sus donaciones.
Un miembro de nuestra iglesia accedió a dejarme compartir su historia. Aquí está:

> "Espero que esto anime a todos a disfrutar las bendiciones de dar y la generosidad. He tenido 4 hitos importantes en mi generosidad. Hace años, como un nuevo creyente con una familia joven, Dios me llevó a saber que, si realmente iba a confiar en Él, tendría que confiar en Él con el primer diez por ciento.

Sorprendentemente, pasamos esos años de escasez sin endeudarnos mientras nos quedamos sin dinero. Varios años después, me impresionó un sermón sobre no solo dar, sino dar con gusto y más allá del diezmo. Empezamos a dar un porcentaje mayor y cada vez que conseguíamos más, dábamos más. Luego, hace unos cuatro años, comenzamos a donar sin estar tan preocupados por la deducción de impuestos. Más donaciones fueron directamente a las personas a medida que surgían las necesidades. Hace un año, nos propusimos dar más tratando de decir que sí cada vez que surgía una necesidad en la iglesia o en los ministerios que apoyamos. Fue una gran bendición satisfacer sus necesidades durante todo el año. Hemos sido bendecidos y estamos seguros de que Dios bendecirá tus esfuerzos de donación".

Pablo motivó a los cristianos corintios al compartir el ejemplo de los creyentes en Macedonia. Todavía hoy me inspiran a progresar en mi generosidad. En 2 Corintios capítulo 8 Pablo escribe,

> *Ahora, hermanos, queremos que se enteren de la gracia que Dios les ha dado a las iglesias de Macedonia. En medio de las pruebas más difíciles, su desbordante alegría y su extrema pobreza abundaron en rica generosidad. Soy testigo de que dieron espontáneamente tanto como podían, y aún más de lo que podían,* (2 Corintios 8:1–3).

Dieron más de lo que se podía esperar razonablemente de ellos. Incluso en una prueba de sufrimiento, que pudo haber sido una hambruna, en su extrema pobreza se desbordaron en rica generosidad y abundante alegría. Ellos dieron no solo de acuerdo con sus medios, ¡sino más allá de sus medios!

A lo largo de los años, he estado orando en silencio para poder seguir el ejemplo de R.G. LeTourneau, que da nombre a la universidad. LeTourneau se destacó en generosidad. Como inventor de las máquinas de movimiento de tierras, LeTourneau llegó al punto de dar el 90 por ciento de sus ingresos al Señor. En palabras de él, "Paleo el dinero y Dios devuelve más. Dios tiene una pala más grande ". Algún día espero dar el 90 por ciento de mis ingresos. Eso sería genial y muy divertido.

Por supuesto, la dama que muchos consideran la dadora más grande de la Biblia, dio la menor cantidad. Jesús presentó a una viuda pobre como ejemplo de generosidad. En Lucas 21 leemos,

> *Jesús se detuvo a observar y vio a los ricos que echaban sus ofrendas en las alcancías del templo. También vio a una viuda pobre que echaba dos moneditas de poco valor. Les aseguro —dijo— que esta viuda pobre ha echado más que todos los demás. Todos ellos dieron sus ofrendas de lo que les sobraba; pero ella, de su pobreza, echó todo lo que tenía para su sustento." (Lucas 21:1–4).*

Estas dos monedas de cobre valdrían hoy unos 58 centavos cada una. Ella dio $1.16 ¿Cuál es más grande, $1,16 o $11,600? Obviamente $11,600, pero no para Jesús. Mientras que otros dieron de su riqueza, ella dio de su pobreza. No es la cantidad de monedas entregadas, sino la cantidad de monedas que quedan. Los discípulos vieron porciones; Jesús vio proporción. Los discípulos vieron cuánto se les dio; Jesús vio cuánto quedaba.

Después de dar, ¿cuánto te queda? En la gracia de dar, nadie tiene ventaja. Si has tenido una gran disminución en tus ingresos, es posible que debas disminuir tus donaciones, pero aún puedes aumentar tu generosidad.

Independientemente de tus ingresos, puedes ser el mayor donante, no es ese el objetivo, pero entiende el punto.

¿Qué hay en tu corazón cuando haces la pregunta: cuánto debo dar? Creo que Dios nos está llamando a cada uno de nosotros a crecer hasta el lugar donde buscamos dar tanto como podamos.

Cuando ves la increíble generosidad de Dios y las altas apuestas del evangelio, te sientes obligado.

Tu donación financia el avance del evangelio que salva a las personas eternamente. Una de las películas más famosas y conmovedoras de las últimas décadas ganó siete premios Oscar. *La lista de Schindler* cuenta la historia del empresario Oskar Schindler, quien, aunque inicialmente motivado por las ganancias, mostró un valor y una dedicación extraordinarios para salvar las vidas de los judíos durante el Holocausto. La escena al final de la película es apasionante, inquietante. Aunque había dado una gran cantidad de sus recursos y tuvo un impacto masivo, dice entre lágrimas y con intensa emoción: "Podría haber conseguido más. Tiré tanto dinero. No hice lo suficiente ". Saca un alfiler de oro de su chaqueta y dice: "Podría haberlo vendido y salvar a una persona más". (Vale la pena buscar la película para verla).

Que seamos igualmente motivados. Cuando das a tu iglesia local, impactas a los niños y estudiantes. Las vidas de los niños se salvan literalmente espiritual y físicamente, y cambias en el proceso. Al igual que Oskar Schindler, la mayoría de nosotros mira hacia atrás y vemos tanto dinero que hemos desperdiciado, dinero que podría haber sido invertido para salvar vidas con el evangelio de Jesús.

Schindler deseó haber dado aún más. La Escritura te llama a crecer en generosidad, a sobresalir en la gracia de dar. Sin embargo, la ofrenda piadosa no se inspira en la culpa, sino en el gozo. Cuando das generosamente creas alegría. Pones una sonrisa en el rostro de Dios. Pones una sonrisa en los rostros de los demás cuando satisfaces sus necesidades físicas y aún más cuando financias el evangelio, que los salva eternamente. Dar trae bendiciones. Produce alegría.

Tenemos una pregunta simple en este capítulo: ¿Cuánto debo dar? Resulta que a medida que crecemos espiritualmente y nos damos cuenta de cuánto Dios nos ha dado y cuánto gozo encontramos al dar, la pregunta cambia de cuánto *debo* dar a cuánto *puedo* dar. Bíblicamente, dar generosamente es dar de forma 3P: planificado, proporcionado y progresivo. Planificamos nuestro dar en proporción a lo que se nos ha dado a medida que progresamos con mayor y mayor generosidad.

Aquí está la conclusión:

>*¿Por qué damos?*
>Para producir alegría. Recuerda las tres sonrisas.
>
>*¿A quién debemos dar?*
>Recuerda los tres destinatarios: la familia de tu iglesia, los necesitados y los trabajadores globales.
>
>*¿Cuánto debemos dar?*
>Recuerda las 3 P's de dar, planificado, proporcional y progresivo.

Tu generosidad responde a la generosidad previa y abrumadora de Dios hacia nosotros. Dios dio el mayor regalo, su único Hijo a través del cual recibimos la vida eterna al confiar en él.

Si nunca has confiado en Jesucristo, ese es el paso más importante que puedes dar. Dios quiere darte vida eterna, perdón por todos tus pecados. Todo esto en Jesucristo. Recibes su regalo de salvación al poner tu fe en Jesús.

Entonces tu ofrenda imita a Dios. Dar le produce gozo al producir gozo a otros y, lo más importante, le da gozo a Dios. Ese es el efecto de generosidad, una cascada de sonrisas, una reacción de alegría en cadena.

¡Que sobresalgas en la gracia de dar creando una enorme ola de alegría!

Introducción a la Guía de Estudio

Esta Guía de estudio profundizará tu comprensión y aumentará tu crecimiento espiritual. Para enriquecer tu crecimiento, estudia con otros para que se puedan animar y agudizar mutuamente. Crecemos mejor en comunidad.

El Proceso SABIOS©

Como hijos de Dios que vivimos en un mundo materialista, debemos aprender a pensar como Cristo, con sabiduría bíblica y espiritual de por vida.

Probado por miles de personas y cientos de grupos, el Proceso SABIOS de seis pasos ofrece una forma de pensar sorprendentemente simple y profundamente poderosa. Hoy estamos ahogados en datos y hambrientos de sabiduría. Buscamos en

Google sobre cualquier tema, pero no podemos encontrar sabiduría para los complejos desafíos de la vida. Este sencillo proceso puede guiarte hacia la sabiduría.

Descubrirás que puedes usar el Proceso SABIOS no solo en este estudio bíblico, sino también para los problemas que enfrentas en la vida cotidiana.

Para acelerar tu aprendizaje, esta guía de estudio emplea el Proceso SABIOS. Este proceso de pensamiento nos ayuda a pasar, de conocer los hechos, a transformar nuestras vidas en el poder de Dios. La mayoría de los adultos aprenden de manera diferente a los niños. Las investigaciones sobre el aprendizaje de adultos y los estudios de la educación antigua muestran que las personas aprenden mejor cuando tienen una razón para aprender: una pregunta que responder, un problema que resolver o un misterio que desentrañar. Todos los tenemos en nuestras vidas.

Ora  ¿Cuál es el rol de la oración?

El Rol de la Oración

Accedemos a la guía del Espíritu de Dios a través de la oración y la Palabra de Dios. Si bien Dios quiere que usemos nuestra mente para estudiar su Palabra y obtener la dirección de su vida revelada, la Biblia nos dice:

> *Si a alguno de ustedes le falta sabiduría, pídasela a Dios, y él se la dará, pues Dios da a todos generosamente sin menospreciar a nadie.* (Santiago 1:5).

El estudio de la Biblia debe cubrirse con oración. Pablo oró así por los Colosenses:

> *Por eso, desde el día en que lo supimos, no hemos dejado de orar por ustedes. Pedimos que Dios les haga conocer plenamente su voluntad con toda sabiduría y comprensión espiritual,* (Colosenses 1:9).

En respuesta a tus oraciones, el Espíritu moldeará tus deseos y luego desarrollarás la mente de Cristo. En lugar de que la oración sea un paso específico en el Proceso SABIOS, debe estar enhebrada en todo el proceso de tu estudio de principio a fin.

Descubrirás que mientras oras, el Espíritu de Dios te guiará a la verdad. Como grupo, si escuchan al Espíritu en oración, él dirigirá su conversación hacia una profunda sabiduría espiritual, convicción y motivación para honrar a Dios en las decisiones de la vida diaria.

Siempre define el tema ¿Cuál es realmente la cuestión aquí?

Prepara tu corazón y tu mente antes de comprometerte con la Palabra de Dios. Tómate un momento para orar acerca de las preguntas en tu vida y los problemas que surgen de las Escrituras que estás estudiando. Considera cómo el Señor podría querer impactarte en este momento. Trae tus preguntas al estudio de la Palabra de Dios.

Aprende de las escrituras ¿Qué dice Dios?

La Palabra de Dios es nuestra autoridad de por vida. Es nuestra guía de creencias y comportamiento. Nuestras vidas deben basarse en la Palabra de Dios. Es nuestra principal fuente de verdad divina absoluta. Dedica tiempo en oración y considera cuidadosamente lo que dice el texto bíblico.

Busca otras fuentes ¿Qué dicen otras personas sabias?

Después de estudiar las Escrituras por nosotros mismos, es prudente buscar el consejo de otros. En Proverbios, Salomón dijo que hay sabiduría en una multitud de consejeros. Los sabios escuchan los consejos (Proverbios 12:15; 13:10; 19:20). En estos capítulos te proporcionamos información bien documentada para ayudarte a comprender mejor la Palabra de Dios, pero, por supuesto, este consejo en sí debe ser juzgado por la Palabra de Dios.

Incorpora tu propia respuesta  ¿Qué pienso yo?

Aprendemos mejor cuando participamos activamente. Escribir las respuestas a las preguntas profundizará tu interacción con la Palabra de Dios. Algunas preguntas están diseñadas para aumentar tu enfoque y comprensión de las Escrituras; otras, te ayudan a aplicar la Palabra de Dios a tu vida.

Opina junto con otros  ¿Qué pensamos en conjunto?

La transformación de la vida aumenta cuando nos agudizamos mutuamente en una discusión dinámica. Crecerás más si estudias con un grupo en el que puedan discutir juntos sobre cómo entender y obedecer la Palabra de Dios. Juntos, personas preparadas guiadas por el Espíritu Santo, generarán una dinámica en la que las ideas y la sabiduría se multiplicarán más allá de lo que cualquier individuo podría producir.

Sé obediente ¿Qué voy a hacer?

Cristo nos llama a obedecer todos los mandatos (Mateo 28:20). El objetivo del estudio de la Biblia no es simplemente el conocimiento, sino la obediencia. Estamos estudiando la Palabra de Dios para conformarnos cada vez más a la imagen de Jesucristo y llegar a la madurez. La Biblia nos dice que escuchar la Palabra sin actuar en consecuencia, es como construir una casa sobre arena, mientras que actuar sobre la base de la verdad, es como construir una casa sobre una roca (Mateo 7:24-27; Santiago 1:22-25). ¡Estamos en el negocio de construir casas en la Roca! Nuestro estudio debería llevarnos a actuar en el poder del Espíritu Santo.

Diagrama de Flujo SABIOS ™

Siempre define el tema — ¿Cuál es realmente la cuestión aquí?

Aprende de las escrituras — ¿Qué dice Dios?

Busca otras fuentes — ¿Qué dicen otras personas sabias?

Incorpora tu propia respuesta — ¿Qué pienso yo?

Opina junto con otros — ¿Qué pensamos en conjunto?

Sé obediente — ¿Qué voy a hacer?

Capítulo 1 Guía de Estudio
¿Por qué Dar?

NOTA: Cada semana trabajarás en los primeros pasos por tu cuenta. *Ora, define el tema, aprende las escrituras, e incorpora tu propia respuesta.* Luego, cuando te reúnas con tu grupo, discutirás las preguntas en el paso *Discute abiertamente.* Finalmente, después de la reunión con tu grupo, tomarás las acciones del *Paso de acción.*

Ora  ¿Cuál es el rol de la oración?

Prepara tu corazón y tu mente antes de comprometerte con la Palabra de Dios. Tómate un momento para orar sobre tus preguntas personales y sobre los problemas que surgen de la motivación para dar. Habla con Dios sobre tus propias luchas y por qué debes dar.

Siempre define el tema ¿Cuál es realmente la cuestión aquí?

Ninguno de nosotros conoce nuestro corazón. Las motivaciones son misteriosas y siempre mezcladas, nunca completamente puras de este lado del cielo. ¿Por qué no somos más generosos? ¿Qué nos impide dar? Una forma de comprender mejor nuestra pregunta puede ser: "¿Por qué deberíamos dar?" puede provenir de cambiar la pregunta a "¿Por qué no damos?"

Permítete pensar profundamente en tus puntos de vista sobre el dinero y las posesiones materiales. ¿Cómo están nuestras finanzas conectadas a nuestro corazón? Pídele a Dios que te ayude a ver cómo nuestro dinero se relaciona con nuestro trato con él.

Dar hace vínculos con la fe, la alabanza, el amor y el contentamiento, así como a la idolatría, al miedo y al consumo.

¿Qué está en juego? ¿Cuál es el problema o los problemas centrales que se están abordando? ¿Cuál es el mayor problema para ti?

Anota el o los problemas principales:

Aprende de las escrituras — ¿Qué dice Dios?

La Palabra de Dios debe guiar nuestras vidas, incluida nuestra forma de pensar acerca de nuestro dinero, y específicamente cómo vemos el dar.

Lee estos versículos lentamente, incluso releyéndolos varias veces, pidiéndole al Espíritu Santo que transforme tu mentalidad de dar para convertirse en la mentalidad de Jesús.

Las preguntas están diseñadas para ayudarte a involucrar con Dios en su Palabra. Úsalas para ayudarte a considerar lo que Dios nos dice.

1. Cada uno debe dar según lo que haya decidido en su corazón, no de mala gana ni por obligación, porque Dios ama al que da con alegría. (2 Corintios 9:7).

- ¿Cómo impacta a Dios nuestro dar?

2. Procuren también sobresalir en esta gracia de dar. (2 Corintios 8:7).

> *Mándales que hagan el bien, que sean ricos en buenas obras, y generosos, dispuestos a compartir lo que tienen.* (1 Timoteo 6:18).

- En cuanto a dar, ¿qué manda Dios?

3. El que no escatimó ni a su propio Hijo, sino que lo entregó por todos nosotros, ¿cómo no habrá de darnos generosamente, junto con él, todas las cosas? (Romanos 8:32).

> *Alabado sea Dios, Padre de nuestro Señor Jesucristo, que nos ha bendecido en las*

regiones celestiales con toda bendición espiritual en Cristo. (Efesios 1:3).

- ¿Cómo describirías la generosidad de Dios en lo que nos ha dado?

4. Pablo elogió a los cristianos macedonios diciendo *rogándonos con insistencia que les concediéramos el privilegio de tomar parte en esta ayuda para los santos.* (2 Corintios 8:4).

Esta ayuda que es un servicio sagrado no solo suple las necesidades de los santos, sino que también redunda en abundantes acciones de gracias a Dios. 13 En efecto, al recibir esta demostración de servicio, ellos alabarán a Dios por la obediencia con que ustedes acompañan la confesión del evangelio de Cristo, y por su generosa solidaridad con ellos y con todos. 14 Además, en las oraciones de ellos por ustedes, expresarán el afecto que les tienen por la sobreabundante gracia que ustedes han recibido de Dios. (2 Corintios 9:12-14).

- De acuerdo con estos pasajes, ¿cómo impacta tu donación a otras personas?

5. *"Traigan íntegro el diezmo para los fondos del templo, y así habrá alimento en mi casa. Pruébenme en esto —dice el Señor*

Todopoderoso—, y vean si no abro las compuertas del cielo y derramo sobre ustedes bendición hasta que sobreabunde." (Malaquías 3:10–11)

- ¿Qué les promete Dios a los que dan el "diezmo íntegro"?

- ¿Cómo sería para ti "probar" a Dios de esta manera?

6. *Con mi ejemplo les he mostrado que es preciso trabajar duro para ayudar a los necesitados, recordando las palabras del Señor Jesús: "Hay más dicha en dar que en"* (Hechos 20:35).

> *Y Dios puede hacer que toda gracia abunde para ustedes, de manera que siempre, en toda circunstancia, tengan todo lo necesario, y toda buena obra abunde en ustedes...El que le suple semilla al que siembra también le suplirá pan para que coma, aumentará los cultivos y hará que ustedes produzcan una abundante cosecha de justicia. Ustedes serán enriquecidos en todo sentido para que en toda ocasión puedan ser generosos, y para que por medio de nosotros la generosidad de ustedes resulte en acciones de gracias a Dios.* (2 Corintios 9:8–11).

- ¿De qué manera experimentas más bendición cuando das en contraste con cuando recibes?

7. *No acumulen para sí tesoros en la tierra, donde la polilla y el óxido destruyen, y donde los ladrones se meten a robar. Más bien, acumulen para sí tesoros en el cielo, donde ni la polilla ni el óxido carcomen, ni los ladrones se meten a robar.*
(Mateo 6:19–20).

- ¿Cómo nuestro dar en la tierra tiene un impacto eterno?

Busca otras fuentes ¿Qué dicen otras personas sabias?

Explora el capítulo uno en busca de los puntos principales y lo que realmente te llamó la atención. Si tienes tiempo, consulta las respuestas sobre por qué deberíamos dar en alguno de los recursos recomendados.

Incorpora tu propia respuesta ¿Qué pienso yo?

1. ¿Qué te impide dar más con más frecuencia?

2. ¿Cómo describirías la generosidad de Dios?

3. ¿Cómo impacta a Dios tu ofrenda?

4. ¿De qué manera el dar puede traer alegría a los demás?

5. Según la Biblia, ¿cómo te bendice el dar?

6. En resumen, ¿cómo responderías a la pregunta, por qué deberías dar?

Opina junto con otros  ¿Qué pensamos en conjunto?

[Para discutir con tu grupo]

Las donaciones económicas son un tema delicado del que generalmente no nos sentimos cómodos hablando, incluso con otros cristianos. Permitámonos unos a otros ser abiertos y auténticos sobre este tema. Aquellos que son fuertes en esta área, por favor compartan cómo Dios ha trabajado en su corazón y en su vida. Aquellos que son débiles, sean honestos acerca de sus luchas. Como cuerpo de Cristo, podemos ayudarnos unos a otros a crecer para ser más como Jesús.

1. ¿Qué crees que hace que el dar sea un tema tan delicado? ¿Y por qué la gente parece evitar el tema, incluso en los estudios bíblicos de la iglesia y en grupos pequeños?

2. ¿Qué te impide dar más generosamente?

3. ¿Cómo el dar pone una sonrisa en el rostro de Dios? ¿Qué, acerca de Dios, te motiva a dar generosamente? (2 Corintios 9:7; Romanos 8:32; Efesios 1:3; Mateo 25:21)

4. ¿Cómo las donaciones generosas hacen sonreír a los demás? Comparte historias del gozo que viste en el rostro de otra persona cuando diste (Isaías 58:10; 1 Juan 3:17; Proverbios 19:17; Hechos 4:34-35).

5. ¿Cómo es que las donaciones generosas te hacen sonreír? Lee algunas de las promesas de Dios: Malaquías 3:10-11; Proverbios 3:9-10;

Lucas 6:38; Hechos 20:35; y 2 Corintios 9:7-11. ¿Cuál de estos versículos te afecta más y por qué?

6. ¿Cómo puede el dar generosamente tener un impacto eterno? (Mateo 6:19-20; 1 Timoteo 6:17-19)

7. De todo lo que hemos hablado, ¿qué te motiva a ser más generoso y cómo te sientes llamado a serlo?

Sé obediente  ¿Qué voy a hacer?

[Para hacer después de la discusión con tu grupo]

➤ Escribe por qué le darás a Dios.
 (El punto es cristalizar tus conclusiones. Utiliza el formato que te funcione, ya sea un párrafo o un conjunto de frases con viñetas).

➢ Revisa tus registros y calcula la cantidad actual que das en un mes promedio. Luego, calcula qué porcentaje es esa cantidad de tus ingresos. (El punto es enfrentar la realidad de tu donación actual para que sepas por dónde estás comenzando).

➢ Si estás casado, discute ¿por qué das como pareja? Si tiene hijos en casa, involúcralos en la conversación.

Capítulo 2 Guía de Estudio

¿A quién Dar?

Ora 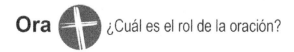 ¿Cuál es el rol de la oración?

La sabiduría divina proviene del Espíritu de Dios. Habla con Dios acerca de a quién debes dar. Hazle a Dios tus preguntas sobre hacia dónde debes dirigir tu ofrenda. Ora para que el Espíritu Santo te dé una idea de tus situaciones y decisiones específicas.

Siempre define el tema  ¿Cuál es realmente la cuestión aquí?

Esta pregunta sobre a quién debemos dar, expone nuestros valores y prioridades. No es sencillo contrastar el dar a un miembro de tu familia con dar a la Cruz Roja o con dar a tu iglesia. En estos días, con las redes sociales, se nos presentan más recursos económicos que en épocas anteriores. ¿Cómo clasificamos todas las oportunidades?

Si estás casado, es probable que tus prioridades de donación no sean las mismas que las de tu cónyuge. Mirar la Palabra de Dios puede ayudarte a llegar a la unidad, al menos en las prioridades bíblicas generales sobre a dónde envías tus ofrendas.

Muchas personas nunca han pensado sobre qué tipo de Organizaciones o necesidades deben tener prioridad en nuestras decisiones de donaciones, pero es una pregunta importante que debemos responder.

¿Qué está en juego? ¿Cuál es el problema o los problemas centrales que se están abordando? ¿Cuál es el mayor problema para ti?

Aprende de las escrituras ¿Qué dice Dios?

1. Dios describe a la iglesia como su familia. De hecho, cuando suma todos los usos de hermano y "familia", puede ser la imagen más común de la iglesia en el Nuevo Testamento.

> *Por lo tanto, siempre que tengamos la oportunidad, hagamos bien a todos, y en especial a los de la familia de la fe.*
> *(Gálatas 6:10).*
> *En efecto, ustedes aman a todos los hermanos que viven en Macedonia.*
> *(1 Tesalonicenses 4:10).*

- ¿Cómo la verdad de que tu iglesia local es tu familia espiritual, guía la prioridad de tus ofrendas?

'

2. *El que recibe instrucción en la palabra de Dios comparta todo lo bueno con quien le enseña. (Gálatas 6:6).*

Los ancianos que dirigen bien los asuntos de la iglesia son dignos de doble honor [en referencia al apoyo financiero], especialmente los que dedican sus esfuerzos a la predicación y a la enseñanza. Pues la Escritura dice: «No le pongas bozal al buey mientras esté trillando», y «El trabajador merece que se le pague su salario». (1 Timoteo 5:17-18).

- ¿Cómo estos dos pasajes transmiten la prioridad de dar a tu iglesia local?

3. *El que ayuda al pobre no conocerá la pobreza; el que le niega su ayuda será maldecido. (Proverbios 28:27).*

Servir al pobre es hacerle un préstamo al SEÑOR; Dios pagará esas buenas acciones. (Proverbios 19:17).

"¿Cuál de estos tres piensas que demostró ser el prójimo del que cayó en manos de los ladrones? —El que se compadeció de él —contestó el experto en la ley. —Anda entonces y haz tú lo mismo —concluyó Jesús." (Lucas 10:36-37).

- ¿Cómo contrastarías la respuesta de Dios a quienes dan a los pobres con quienes no los ayudan?

4. *Harás bien en ayudarlos <u>a seguir su viaje</u> <u>[propempo]</u>, como es digno de Dios. Ellos salieron por causa del Nombre, sin nunca recibir nada de los paganos; nosotros, por lo tanto, debemos brindarles hospitalidad, y así colaborar con ellos en la verdad.*
   (3 Juan 6–8).

- Dada la importancia del mensaje del evangelio, ¿cómo nos muestra este pasaje la prioridad de dar a las misiones globales?

Busca otras fuentes  ¿Qué dicen otras personas sabias?

Explora el capítulo dos en busca de los puntos principales y lo que te desafió. Identifica las preguntas que desees resolver. Si tienes tiempo, busca en uno de los recursos recomendados para descubrir más ideas relacionadas con a quién debemos dar.

Incorpora tu propia respuesta  ¿Qué pienso yo?

1. ¿A quién le estás dando actualmente? ¿Y a quién le estás dando más?

2. ¿Por qué tu iglesia local debe tener prioridad en tus ofrendas?

3. ¿Cuáles son otras prioridades bíblicas respecto a dónde diriges tus ofrendas?

4. ¿Cómo encaja la donación a buenas causas en tu plan general de donación?

5. ¿Cómo encaja ayudar económicamente a las personas de tu familia en la administración general de tus finanzas?

Opina junto con otros  ¿Qué pensamos en conjunto?

[Para discutir con tu grupo]

1. ¿Qué tipo de solicitudes financieras has recibido en el último año? ¿A qué causas, Organizaciones o grupos sueles dar?

2. ¿Por qué la familia de tu iglesia es la principal prioridad bíblica para tus ofrendas? (1 Corintios 9:3-14; 1 Timoteo 5:17-18).

3. Cuando pensamos en dar a los necesitados, ¿a quiénes debemos poner primero? (1 Juan 3:17; Santiago 2:14-16; Mateo 24:31-40; Hechos 4:34-35).

4. ¿Por qué deberíamos hacer de las donaciones a las misiones globales una prioridad en nuestras donaciones? (Romanos 10:13-15; 1 Corintios 15:3; Mateo 10:9-10; 3 Juan 5-8; Tito 3:13-14; Romanos 15:24; 1 Corintios 16:6, 10-11). ¿Cuál ha sido tu experiencia en esta área?

5. ¿Cómo encaja el dar a las buenas causas en nuestras prioridades de dar?

6. ¿Cómo encaja la ayuda económica a los miembros de nuestras familias en nuestro plan general de donaciones?

7. ¿Cómo necesitas adaptarte a quién le das para estar más en línea con las prioridades bíblicas?

Sé obediente  ¿Qué voy a hacer?

[Para hacer después de la discusión con tu grupo]

> Escribe tus prioridades de donación en términos de a quién donas.
> (El objetivo de este ejercicio es cristalizar tus conclusiones para guiar tus decisiones de donación).

➢ Examina tu donación durante el último año. Escribe cuánto le has dado a la familia de tu iglesia, a los necesitados y a las misiones. Luego calcula cuánto le has dado a otras causas.

➢ Decide sobre los cambios que harás para que tu plan de donaciones esté más en línea con las prioridades bíblicas. Si estás casado, discute a quién le das y si tienes hijos en casa, inclúyelos en la conversación.

Capítulo 3 Guía de Estudio

¿Cuánto Dar?

Ora  ¿Cuál es el rol de la oración?

Dios promete dar sabiduría a quienes la pidan. Nos da la mente de Cristo para ver la voluntad del Padre. Habla con Dios sobre cuánto debes dar. Pídele al Espíritu Santo que te dé una idea de tu situación financiera específica y tus decisiones de dar.

Siempre define el tema ¿Cuál es realmente la cuestión aquí?

Si has confiado en Jesucristo, entonces en tus mejores días realmente quieres honrar a Dios con tu ofrenda. Pero, ¿cuánto honrarás a Dios al dar? Si realmente estás dando de manera madura, ¿cuánto dinero deberías dar?

Ciertamente, el Espíritu Santo está involucrado en guiarnos, pero ¿Dios nos da alguna guía como ayuda? ¿Podrás dar lo suficiente? Las parejas casadas a menudo no están de acuerdo con esta pregunta. Uno quiere dar más y el otro menos.

¿Qué está en juego? ¿Cuál es el problema o los problemas centrales que se están abordando? ¿Cuál es el mayor problema para ti?

Anota el o los problemas principales:

La Bendicion de Dar

Aprende de las escrituras ¿Qué dice Dios?

1. *Porque donde esté tu tesoro, allí estará también tu corazón. (Mateo 6:21).*

- ¿Cómo se conecta tu donación con tu corazón? ¿Cómo poner tu tesoro en algún lugar para dirigir tu corazón?

2. *Cada uno debe dar según lo que haya decidido en su corazón, no de mala gana ni por obligación, porque Dios ama al que da con alegría. (2 Corintios 9:7).*

   El primer día de la semana, cada uno de ustedes aparte y guarde algún dinero conforme a sus ingresos, (1 Corintios 16:2).

- Observa los verbos, "aparte" y "guarde". ¿Qué nos dice Dios que hagamos con respecto a nuestra ofrenda? ¿Cómo puedes hacerlo en estos días y ponerlo en práctica?

3. Honra al SEÑOR con tus riquezas y con los primeros frutos de tus cosechas. Así tus graneros se llenarán a reventar y tus bodegas rebosarán de vino nuevo. (Proverbios 3:9-10).

- ¿Cómo describirías el principio de las "primicias" a otra persona?

4. *Cada uno llevará ofrendas, según lo haya bendecido el SEÑOR tu Dios. (Deuteronomio 16:17).*

> *Lleven ahora a feliz término la obra, para que, <u>según sus posibilidades</u>, cumplan con lo que de buena gana propusieron. Porque, si uno lo hace de buena voluntad, <u>lo que da es bien recibido según lo que tiene, y no según lo que no tiene.</u>*
> *(2 Corintios 8:10-12).*

- Según estos pasajes, ¿cuánto debes darle a Dios?

5. Pero ustedes, así como sobresalen en todo —en fe, en palabras, en conocimiento, en dedicación y en su amor hacia nosotros —, procuren también sobresalir en esta gracia de dar. (2 Corintios 8:7).

> *Ahora, hermanos, queremos que se enteren de la gracia que Dios les ha dado a las iglesias de Macedonia. En medio de las pruebas más difíciles, su desbordante alegría y su extrema pobreza abundaron en rica generosidad. Soy testigo de que dieron espontáneamente tanto como podían, y aún más de lo que podían, (2 Corintios 8:1-3).*

- ¿Cómo quiere Dios que crezcamos dando? Considera el modelo de los macedonios. ¿Cómo fueron un gran modelo para otros creyentes?

6. *Jesús se detuvo a observar y vio a los ricos que echaban sus ofrendas en las alcancías del templo. También vio a una viuda pobre que echaba dos moneditas de poco valor. —Les aseguro —dijo— que esta viuda pobre ha echado más que todos los demás. Todos ellos dieron sus ofrendas de lo que les sobraba; pero ella, de su pobreza, echó todo lo que tenía para su sustento. (Lucas 21:1-4).*

- ¿Qué te impresiona de las ofrendas de la viuda pobre?

Busca otras fuentes ¿Qué dicen otras personas sabias?

Examina el capítulo tres en busca de los puntos principales, ¿dónde estás de acuerdo y dónde no? Identifica las preguntas restantes que deseas responder. Si tienes tiempo, busca en uno de los recursos recomendados para obtener más información sobre cuánto debes dar.

Incorpora tu propia respuesta 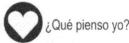 ¿Qué pienso yo?

1. ¿Cuál es tu plan de donaciones actual? (Es posible que aún no tengas uno.) ¿Qué pasos prácticos deberías seguir para planificar tus donaciones con anticipación?

La Bendicion de Dar 119

2. ¿Cuál es tu opinión sobre el "diezmo"?

3. ¿Cómo responderías a otra persona que te pregunte: "¿Cuánto dice la Biblia que debemos dar?"

4. ¿Cuál es el porcentaje actual de tus ingresos que das a tu iglesia local? ¿Cuál a todas las causas en total?

5. Mientras imaginas tu futuro crecimiento espiritual como discípulo de Jesús, ¿cómo te gustaría crecer en la gracia de dar?

Opina junto con otros ¿Qué pensamos en conjunto?
[Para discutir con tu grupo]

1. ¿Qué es un "diezmo" y qué enseña la Biblia sobre el diezmo?

2. La Biblia dice que debemos decidir qué dar de antemano (2 Corintios 9:7; 1 Corintios 16:1), entonces, ¿qué podríamos hacer en la práctica para decidir de antemano qué dar?

3. Debemos dar de nuestras "primicias" (Proverbios 3:9-10). ¿Cómo podría aplicarse el

principio de las "primicias" a las formas actuales de recibir ingresos?

4. Debemos dar proporcionalmente (Deuteronomio 16:17; 2 Corintios 8:3, 10-12; 1 Corintios 16:2). Si te sientes cómodo, comparte el porcentaje actual de tus ingresos que estás dando a tu iglesia local y el porcentaje en total para todos los lugares. (Por favor, no sientas la presión de compartir tus porcentajes. Muchas personas prefieren mantener la confidencialidad. Te animo a que no compartas cantidades específicas.) ¿Qué pasos podrías tomar para dar más en proporción a la forma en que el Señor te ha bendecido financieramente?

5. Lee el ejemplo de los macedonios en 2 Corintios 8: 1-3. ¿Qué te impresiona de su modelo? Luego lee la historia de la generosidad de la viuda pobre en Lucas 21:1-4. ¿Qué te inspira sobre la ofrenda de la viuda?

6. Nuestra generosidad debe crecer progresivamente para que sobresalgamos en la gracia de dar (2 Corintios 8:7). ¿Cómo has aumentado tu donación a lo largo de tu vida? ¿Cómo esperas que crezca en los próximos años?

7. Repasa toda la serie.

   a. ¿Por qué damos? (recuerda las 3 sonrisas).
   b. ¿A quién debemos dar? (recuerda los 3 destinatarios).
   c. ¿Cuánto debemos dar? (recuerda las 3 P's).

8. Como resultado de este estudio, ¿qué acciones tomarás para sobresalir en la gracia de dar?

Sé obediente  ¿Qué voy a hacer?

[Para hacer después de la discusión con tu grupo]

➢ Anota la cantidad de tu donación durante el último año o algunos meses. Luego, anota tus ingresos durante ese mismo período de tiempo. Calcula el porcentaje de tus ingresos que das. Se específico sobre qué porcentaje le das a tu iglesia local y qué porcentaje le das a todo lo demás.

➤ Mira la "Escalera de Generosidad" para identificar dónde se encuentran tus donaciones actualmente y dónde deseas estar. Decide dar al menos un escalón en la escalera. (Puedes ver la Escalera de Generosidad a continuación). Considera tomar el "Desafío de Malaquías". Ver Malaquías 3:10-11. Entrega tu diezmo (10% de tus ingresos) a Dios a través de tu iglesia local durante 90 días y ve si experimenta las bendiciones divinas.

➢ Revisa las secciones "Pasos de Acción". Finaliza tus respuestas por ti mismo en términos de por qué das, a quién darás y cuánto darás.

➢ Pídele a Dios que confirme en tu corazón cualquier cambio que debas hacer en tu ofrenda y hazlo.

LA ESCALERA DE GENEROSIDAD

Progresivo
¿Cuánto quiere Dios que me quede con sus cosas?
Regularmente aumento la cantidad de donaciones a nuestra iglesia.

Proporcional
¿Cuánto quiere Dios que yo dé de las cosas de Dios?
Doy fielmente un porcentaje de mis ingresos a nuestra iglesia (10 por ciento, un diezmo, es un estándar bíblico)

Planeado
¿Qué quiere Dios que haga con las cosas de Dios?
Planeo por adelantado dar para poder hacerlo consistentemente a nuestra iglesia.

Ocasional
¿Qué quiere Dios que haga con mis cosas?
Doy a mi iglesia pero no consistentemente.

Primera vez
¿Qué hago con mis cosas?
No he dado a nuestra iglesia.

Pensamientos Finales

Nuestro estudio bíblico muestra que dar resulta más profundo de lo que podría parecer a primera vista. Cuando iluminas la sabiduría divina al dar, ves que—

- Dar expresa adoración a Dios.
- Dar demuestra madurez espiritual.
- Dar desarrolla la fe y demuestra confianza.
- Dar invierte en la misión de Cristo en el mundo.
- Dar nos libera del consumismo.
- Dar fluye de la gratitud.
- Dar cuida de los demás sobre nosotros mismos.

Las personas con el fuego encendido por Jesucristo dan generosamente. Y cuando damos generosamente, compartimos la felicidad de Dios, bendecimos a los demás y encontramos gozo, no solo aquí en la tierra, ¡sino en la eternidad!

Agradecimientos

Doy gracias a Dios por mi esposa, Tamara, que se sentó a mi lado en nuestro porche trasero mientras escribía en la computadora portátil. Ella comentaba amablemente cuando leía oraciones, y me dio información sabia, como no usar demasiadas palabras, lo cual he intentado hacer.

Mi editora, Iva Morelli, ha sido una vez más una alegría como compañera de escritura. Sus habilidades profesionales y su estímulo personal hacen que el proceso sea más divertido y el libro mejor.

Los ancianos y el personal de Christ Fellowship me apoyan y me permiten escribir. Gracias. La familia de Christ Fellowship escuchó esta enseñanza por primera vez y me animó a compartirla. Gracias. Es un privilegio y un gozo servir a Jesús como su pastor.

Toda la gloria a Dios.

Recursos Recomendados

Randy Alcorn, *The Treasure Principle (El Principio del Tesoro) revisado y actualizado* (Colorado Springs: Multnomah, 2012).

Randy Alcorn, *Money, Possessions, and Eternity: Una guía completa de lo que dice la Biblia sobre la mayordomía financiera, la generosidad, el materialismo, la jubilación, la planificación financiera, los juegos de azar, las deudas y más.* (Carol Stream, IL: Tyndale, 2003).

Dave Ramsey, *The Total Money Make Over (La Transformación Total de Su Dinero)* (Nashville: Thomas Nelson, 2013).

Dave Ramsey, Financial Peace University, https://www.daveramsey.com/

Crown Ministries, https://www.crown.org/

Ron Blue, *Master Your Money: Un plan paso a paso para experimentar la satisfacción financiera* (Chicago: Moody Press, 2016). https://ronblueinstitute.com/

Gene A. Getz, *Rich in Every Way: Todo lo que Dios dice sobre el dinero y las posesiones* (New York: Howard Books, 2004).

John Cortines, Gregory Baume, *True Riches: Lo que Jesús realmente dijo sobre el dinero y tu corazón* (Nashville: Thomas Nelson, 2019).

John Cortines, Gregory Baume, *God and Money: Cómo descubrimos las verdaderas riquezas en Harvard Business School* (Peabody, MA: Rose Publishing, 2016). https://generousgiving.org/

Acerca del Autor
BRUCE B. MILLER

Dios le ha dado a Bruce el tesoro de su maravillosa esposa, Tamara, y los ha bendecido con cinco hijos y ahora el regalo de nietos. Dios usó a Bruce para plantar Christ Fellowship en McKinney, Texas, donde actualmente se desempeña como pastor principal (CFhome.org). En sus ratos libres, le encanta pasar tiempo con Tamara, jugar racquetbol, usar una motosierra y sentarse junto a una chimenea con su Labrador, color chocolate, Calvin.

Su pasión por el desarrollo del liderazgo lo llevó a su primer libro, *El Bastón de mando del Liderazgo*, escrito con Jeff Jones y Rowland Forman. El corazón de Bruce de ver a las personas vivir vidas más felices y plenas provocó la escritura de *Tu Vida en Ritmo*, el precursor de *Your Church in Rhythm*, que aplica los conceptos de la vida rítmica a las iglesias locales (BruceBMiller.com).

Bruce desarrolló el innovador Proceso SABIOS ©
de seis pasos que sirve como motor de
aprendizaje en las guías de estudio de este libro y
de otros: *Big God in a Chaotic World: A Fresh Look
at Daniel*; *Sacudido—Cuando Dios no Tiene
Sentido*, y *Never the Same—A Fresh Look at the
Sermon on the Mount*. Bruce brinda sabiduría a los
líderes de la iglesia en su reciente libro, *Leading a
Church in a Time of Sexual Questioning: sabiduría
llena de gracia para el ministerio diario*.

Bruce se graduó como Phi Beta Kappa de la
Universidad de Texas en Austin con un B.A. en el
Plan II, el Programa de Honores de Artes
Liberales; obtuvo una maestría en Teología del
Seminario Teológico de Dallas, e hizo un trabajo
de doctorado en la Universidad de Texas en Dallas
en Historia de las Ideas. Enseñó Teología durante
cuatro años en el Seminario Teológico de Dallas.

Bruce comparte y consulta en todo el
mundo. Fundó los Centros para la capacitación
basada en la iglesia (http://ccbt.org). Bruce
también fundó y dirige Dadlin Ministries, una

organización comprometida con ayudar a las personas a desarrollar sabiduría para la vida. La pasión de Bruce es mostrar la sabiduría para encender el fuego de la pasión por Jesús.

Puedes seguir a Bruce en:

Facebook
(https://www.facebook.com/BruceBMillerAuthor)

Para invitar a Bruce a compartir, comunícate con él:
Website (BruceBMiller.com) donde puedes encontrar todos sus libros.

Otros Recursos

El ministerio de publicaciones Dadlin—una organización comprometida con ayudar a las personas a desarrollar sabiduría para la vida.

Dadlin Media
— *wisdom for life* —

Recursos escritos por Bruce B. Miller:

El Bastón de mando del Liderazgo
Te proporciona una solución a la necesidad de líderes de calidad en las iglesias locales. Miller te brinda una visión bíblica, un enfoque holístico y un plan integral.

Tu Vida en Ritmo
Ofrece una forma realista de superar nuestra vida loca, demasiado ocupada y estresada. Expone el mito de vivir una vida "equilibrada". Miller presenta la "vida rítmica" como un nuevo paradigma para aliviar la

culpa y el estrés, para que podamos lograr más de lo más importante en la vida: con más libertad, paz, satisfacción y esperanza

Your Church in Rhythm
La mayoría de los pastores tratan de hacer todo a la vez, y se sienten culpables si en el proceso se descuida, incluso, un aspecto del ministerio de su iglesia. En cambio, Miller propone reemplazar esta noción agotadora de "equilibrio" con el concepto realista de "ritmo". Las iglesias, al igual que las personas, deben centrarse en las estaciones y los ciclos de los programas ministeriales. De esa manera, los líderes pueden evitar el agotamiento, centrándose solo en cada tema en el momento que más importa.

Big God in a Chaotic World—A Fresh Look at Daniel
Demuestra que podemos vivir fielmente, en este mundo pecaminoso y fuera de control cuando tenemos una nueva visión de nuestro gran Dios. Daniel abre nuestros ojos para ver al Dios que es más grande que los problemas de nuestro mundo, más grande que todos nuestros miedos, fuegos y leones.

Same-Sex Marriage—A Bold Call to the Church in Response to the Supreme Court's Decision

En respuesta a esta crisis cultural, la iglesia debería dar un paso adelante con una respuesta similar a la de Cristo que asuste al mundo y atraiga a las personas a Jesucristo con amor contracultural.

Same-Sex Wedding—Should I Attend?
Los cristianos no están de acuerdo sobre si asistir o no a una boda entre personas del mismo sexo. Este libro se sumerge en la controversia y nos ayuda a descubrir más opciones que simplemente ir o no ir.

Sacudido—Cuando Dios no tiene sentido— Un Estudio de Habacuc
En este mundo loco, puede parecer que Dios está lejos o es indiferente. Su falta de acción no tiene sentido. ¿Por qué algunas personas prosperan y otras sufren? Miller nos ayuda a ver que cuando la vida te sacude como una hoja en la tormenta, puedes aferrarte al Dios inquebrantable que controla la tormenta.

Never the Same—A Fresh Look at the Sermon on the Mount
Jesús sorprendió y ofendió a su audiencia original porque cambió la visión de la vida de la mayoría de la gente. Sigue la visión del reino de Jesús y te destacarás como una luz brillante en un mundo oscuro, te pondrás de pie cuando vengan las tormentas y darás un paso adelante para recibir la recompensa eterna de Dios.

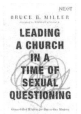
Leading a Church in a Time of Sexual Questioning: Grace-Filled Wisdom for Day-to-Day Ministry
En una época en la que las normas sexuales están cambiando rápidamente, ¿cómo puede una iglesia local ser un lugar de gracia, una comunidad amorosa para todo tipo de personas, donde todos pueden florecer y los desacuerdos se superan con un espíritu cristiano y al mismo tiempo se mantienen fieles a estándares bíblicos?

Para obtener más información sobre libros actuales y futuros, visita BruceBMiller.com.

McKinney, TX 75070

Notas

1. Rod Rogers, *Pastor Driven Stewardship* (Brown Books Publishing, Dallas, Texas, 2006), 71.
2. Randy Alcorn, *Money, Possessions and Eternity* (Tyndale House, Wheaton, Illinois, 1989), 234.
3. Gene A. Getz, *Real Prosperity* (Moody Press, Chicago, 1990), 124.
4. Getz, *Rich in Every Way* (Howard Publishing, West Monroe, Louisiana, 2004), 314.
5. Randy Alcorn, *Money, Possessions and Eternity* (Tyndale House, Wheaton, Illinois, 1989), 268.
6. Scott Burns, *The Disciple of Giving*, "Asset Builder," December 25, 2005.

Made in the USA
Monee, IL
27 July 2025